Carol Lynn Pearson

Ich bin den Weg allein gegangen

Nach dem tragischen Tod ihres Mannes muß Carol ihre vier Kinder ohne Hilfe großziehen

Aus dem Englischen übersetzt von Theda Krohm-Linke

BASTEI LÜBBE

BASTEI-LÜBBE-TASCHENBUCH
Band 61 186

1. Auflage Juli 1990
2. Auflage Aug. 1990
3. Auflage Jan. 1991
4. Auflage Mai 1991
5. Auflage Juli 1991
6. Auflage April 1992

Deutsche Erstveröffentlichung
Titel der Originalausgabe: ONE ON THE SEASAW

Printed in Germany 1992
Einbandgestaltung: Manfred Peters
Titelfoto: Agence VLOO
Satz: Prechtl, Passau
Druck und Bindung: Ebner Ulm
ISBN 3-404-61186-1

Für Donald, David, Warren und Marie,
bei denen ich eine Menge über Familien gelernt habe.

Inhalt

Prolog

Einmal bestand ich darauf, daß Aaron etwas essen sollte, das er nicht mochte. Plötzlich sagte John: »Paß bloß auf, Aaron, sie will dich mästen, wie die Hexe bei Hänsel und Gretel.«

Sie finden das vielleicht zum Lachen. Es sind schließlich nicht Ihre Kinder, die Sie als Hexe bezeichnen, nachdem Sie sich ein Leben lang die Finger für sie wund gearbeitet haben. Wir alle werfen gerne einen Blick in andere Familien. Wir sehen gern durchs Schlüsselloch, lachen oder seufzen und kümmern uns dann wieder um unsere eigenen Belange. Deshalb habe ich dieses Buch geschrieben — damit Sie einen Blick auf zwei Familien werfen können, auf Ihre und auf meine.

Meine Familie ist keine Idylle voller Charme und Nostalgie, keine Fernsehfamilie mit großartigem gesellschaftlichen Leben und einer beachtlichen Anzahl von Kindern, keine Bill-Cosby-Familie mit einem weisen Patriarchen und auch keine Erma-Bombeck-Familie mit einer witzigen Matriarchin.

Meine Familie ist anders. Aber heutzutage sind die meisten Familien anders, und deshalb sind wir wahrscheinlich ziemlich durchschnittlich.

Als ich klein war, sprachen die Leute über »kaputte Familien« im gleichen Ton, wie sie etwa über Krebs redeten, und ich dachte, »kaputte Familien« seien für alles, was in der Welt schiefgeht, verantwortlich.

Meine Kinder leben in einer solchen Familie. Allerdings ist sie meiner Meinung nach nicht »kaputt«, und ich glaube, meine Kinder empfinden das auch nicht so. Die Familie wankte und zerbrach, und sie mußte — wie der Klumpen Glas, der in Venedig vor meinen Augen Form annahm — wieder ins Feuer und neu geblasen werden. Sie hat jetzt eine andere Form als die, die ich ursprünglich geplant hatte, aber sie ist in guter Verfassung, und sie funktioniert.

Heutzutage haben Familien alle möglichen Formen, und die »traditionelle« ist eher die ungewöhnliche. Die Familie, in der der Vater arbeitet und die Mutter mit den Kindern zu Hause ist, ist heute eher in der Minderheit. In immer mehr Familien ist ein Elternteil alleinerziehend, oder man lebt eine andere, nicht traditionelle Variante des Familienthemas.

Als ich geheiratet habe, habe ich mit Sicherheit nicht daran gedacht, einmal Alleinerziehende zu sein. Ich nehme an, das tut keiner. Meine Familie sollte nicht nur von Dauer, sondern ewig sein.

Ich lernte Gerald 1965 bei einer Aufführung an der Brigham Young University in Provo, Utah, kennen, und im Jahr darauf heirateten wir in der Mormonenkirche in Salt Lake City. Gerald war ein wundervoller, sensibler, energiegeladener, charmanter und tüchtiger Mann. Er war auch ein homosexueller Mann.

Unser Zusammenleben war eine seltsame Geschichte, sie enthielt die Hoffnung, daß Ehe vielleicht die Lösung sei, und die Verzweiflung, daß sie sein Gefühlsleben nicht veränderte. Wir bekamen vier Kinder, ließen uns scheiden, blieben jedoch gute Freunde, und schließlich starb er in meinem Haus, wo ich ihn gepflegt hatte, an AIDS.

Seit zehn Jahren bin ich nun eine alleinerziehende Mutter. Es ist nicht immer leicht gewesen. Aber wenn ich die anderen Familien um mich herum beobachte — die Ein-Personen-Familien, die harmonischen Familien und selbst die »traditionellen« Familien mit ihren besonderen Anforderungen (denen nur wenige entkommen) — weiß ich, daß niemand von familiären

Problemen verschont bleibt, und es gibt absolut keinen Grund, uns zu bemitleiden. Niemand hat das Glück gepachtet oder kann auf irgend etwas besonders stolz sein. Wir alle, gleich wie unsere Familien aussehen, sind es wert, respektiert, unterstützt und gefeiert zu werden. Und dieses Buch ist eine Huldigung an die Familie.

Meine Familie besteht aus einer Mutter und vier Kindern. Alle Kinder sind blond, blauäugig, hübsch — und sehr ungezwungen. Ich habe Stunden damit zugebracht, ihnen mehr Manieren beizubringen, aber es hat nichts genützt.

Emily ist die Älteste. Sie ist gerade zwanzig geworden und eine talentierte Sängerin-Tänzerin-Schauspielerin, die dieses Jahr mit der Schauspieltruppe »The Young Ambassadors« von der Brigham Young University auf Tournee gegangen ist. Ihr Zimmer in unserem Haus in der Bay Area von Kalifornien riecht immer nach französischem Parfum, obwohl sie nur noch gelegentlich zu Hause ist. Emily ist so sensibel, daß sie als Fünfjährige in Tränen ausbrach, als sie zum ersten Mal eine Maus in der Falle sah, und daß sie sich mit siebzehn weigerte, beim Fahrunterricht Filme mit Unfällen anzusehen . . . mit fünfzehn war sie so dramatisch und launisch, daß sie, als ich sie fragte, ob sie ihre Hausaufgaben gemacht hätte, in Tränen ausbrach und in ihr Zimmer rannte. Ich blieb fassungslos zurück und fragte mich allen Ernstes, ob wir es wohl noch drei Jahre miteinander aushalten würden . . . Sie ist so voller Liebe, daß sie mir beibrachte, die richtigen Worte zu sagen . . . so schön, daß in New York ein Mann einmal zu mir sagte: »Lady, ich kann unmöglich darauf achten, wie Sie Ihren Traveller's Scheck unterschreiben, ich muß immerzu Ihre reizende Tochter ansehen!« . . . so uneitel, daß sie auf Anfrage ihr »häßliches« Gesicht macht. Emily möchte sich verlieben, Kinder bekommen und einen Oscar gewinnen.

John ist achtzehn und hat gerade den High School Abschluß

gemacht. Er ist ein Künstler, freundlich, zärtlich und hilfsbereit. Er möchte Trickfilmzeichner werden, und jeder ist hingerissen von seinen Figuren. Er ist ein zerstreuter Professor, kann einen aber auch wahnsinnig machen, wenn er glaubt, seinen Standpunkt verteidigen zu müssen. Als einziges sichtbares Zeichen für seine milde Art der Rebellion trägt er seine Haare lang, und er spielt mit dem Gedanken, sich ein Ohrläppchen durchstechen zu lassen. (Obwohl er natürlich, wenn er zur Kirche geht, den Ohrring herausnehmen würde.) Er sieht sehr gut aus, und wenn er das T-Shirt trägt, aus dem er die Ärmel herausgetrennt hat, erkennt man sogar ein paar Muskeln an seinen dünnen Armen. John geht so, als habe er sich noch nicht ganz daran gewöhnt, daß er ein Meter fünfundachtzig groß ist, er schlurft ein bißchen, wie eine Trickfilmfigur, die ein paar Bilder pro Sekunde mehr braucht. Johns Zimmer riecht leicht nach Moschus, wie die meisten Jungenzimmer, auch wenn die schmutzigen Socken weggeräumt worden sind.

Aaron ist siebzehn und in der letzten Jahrgangsstufe der Los Lomas High School. Sein Zimmer ist vollgestopft mit Gitarren, seiner Stereoanlage, den Lautsprechern, die er selbst gebaut hat, und den Hanteln, die ihn in einen wahren Muskelprotz verwandelt haben. Aaron schnarcht. Er sieht mir von allen Kindern am ähnlichsten, und das ist der einzige Grund, warum ich genau weiß, daß er bei der Geburt nicht vertauscht worden ist, denn die meisten seiner Charakterzüge und Interessen sind mir fremd. Ich würde nie diese Art von Musik spielen, und ich würde sie vor allem nicht so laut spielen. Ich würde nicht grunzen, statt artikuliert zu reden. Ich würde nicht lieber einen ganzen Tag mit Hammer und Säge verbringen als mit einem Buch. Aber ich liebe Aarons Selbstbewußtsein, und ich beneide ihn um seine Fähigkeit, sich in der materiellen Welt zurechtzufinden. Was würde ich ohne ihn anfangen, wenn er nicht da wäre, um das Gartentor zu richten, das Öl zu wechseln und die Badewanne abzudichten? Aaron liebt, auch heute noch, Jungenstreiche. Vor ein paar Tagen schmierte er rote, verschwindende Zaubertinte auf meinen weißen Pullover, und als ich aufstöhnte, grinste er bloß. Obwohl er kleiner als John ist, ist Aaron immer noch größer als ich, und er hebt mich gerne hoch und wirft mich auf die Couch, so wie ich es mit ihm gemacht habe, als er zwei war. Wenn man sich dazu überwinden kann, Aarons Sinn für Humor zu schätzen, ist er ein großartiger Kumpel.

Das vierte Kind, Katy, ist dreizehn und in der achten Klasse auf der Walnut Creek Intermediate. Sie kichert immer, wenn ich ihren Pferdeschwanz hochhebe, sie auf den Nacken küsse und sage: »O Katy, ich bin so froh, daß du kein Pferd bist, sonst könnte ich das nicht machen.« Katy möchte natürlich nicht wirklich gern ein Pferd sein, sie möchte nur gern ständig mit ihnen zusammensein, genau wie sie riechen und sie reiten. Sie ist nämlich die Erdmutter für alle großen und kleinen Kreaturen, sie will Tierärztin werden. Im Augenblick trainiert sie mit einem Welpen und Goldhamstern, die ihr Zimmer so gut riechen lassen, wie eben ein Zimmer ohne Pferd riechen kann. (Ich habe ihr zum Geburtstag eine Flasche Eau de Cologne geschenkt und sie später in der Goodwill Box wiedergebunden. »Katy, behalt sie doch«, sagte ich. »In ein paar Jahren wirst du sie brauchen können.« »Warum?« fragte sie. »Riecht es in ein paar Jahren besser?«)

Katy ist sehr unordentlich, und jedes Kleidungsstück, das sie besitzt, landet erst auf einem großen schmutzigen Haufen, bevor sie es in die Wäsche gibt. Und Katy dichtet. Einmal, nachdem sie mir eine Lüge gebeichtet hatte, sagte sie zu mir: »Mami, ich glaube, Ehrlichkeit ist wie Seife. Sie schäumt einen ein und macht einen ganz sauber.«

»Katy«, erwiderte ich, »du hast eine wundervolle Art, die Dinge darzustellen, du könntest Schriftstellerin werden, wenn du groß bist.«

»Ja, sagte sie, »manchmal hab' ich so ein . . . manchmal fallen mir so viele Vergleiche ein.« Und das wird sie auch werden — eine dichtende Tierärztin.

Das sind meine Kinder. In den nächsten Kapiteln werden sie mehr über sie erfahren. Sie werden auch einiges über ihre Mutter erfahren und über das Familienleben in den achtziger Jahren.

1.
Der Tod von Johns Vögeln

»John, du spinnst«, rief ich und lachte, als er mir mal wieder eine seiner verrückten Erfindungen unterbreitet hatte, eine Mausefalle aus einem Schwamm, Wasser und überbackenem Käse, der so befestigt war, daß die Maus mit den Zähnen daran kleben blieb.

»Nein, Mami«, erwiderte John ernsthaft lächelnd, »ich spinne nicht. Ich bin einfallsreich, hoffnungsvoll und faszinierend.«

Das Gute an diesem Einfallsreichtum, der Hoffnung und der Faszination ist, daß wir seit Jahren unsere Freude an John haben; das Schlechte daran gipfelt in der Frage, ob John je über das vierte Schuljahr hinauskommt.

Zuerst die gute Seite. Ehrfurcht erfüllte mich, als ich Michelangelos *David* betrachtete, der großen Orgel im Dom von Salt Lake City lauschte und wenn ich meinen Sohn John ansah. Sein Vater und ich waren entzückt über »Johnnies Geschichten«, und wenn wir an all die wundervollen Dinge dachten, die er tat. Gerald mußte immer lachen, wenn er an den hinreißenden Vierjährigen dachte, der im Schlafanzug aus dem unbeleuchteten Flur ins Wohnzimmer schoß und rief: »Hier kommt der kleine Junge aus der Dunkelheit!«

Es war immer etwas Lichtes um John, etwas Klares und Unschuldiges. Ihm flogen sofort alle Herzen zu. Selbst eine Lehrerin, die John fast in den Wahnsinn trieb, sagte einmal bei einer Elternsprechstunde: »Ich liebe John. Ich würde von den meisten meiner Schüler sagen, daß ich sie mag, aber nicht von John. John liebe ich. Er hat etwas Wunderbares.«

Mit drei Jahren hatte John seinen ersten Wunschknochen in der Hand. Er hörte mir zu, wie ich ihn ermunterte, er solle sich etwas wünschen, blickte einen Moment auf den Wunschknochen, holte tief Luft . . . und blies ihn an.

Mit vier forderte er uns auf, ein Lied zu singen. Er sagte: »Jetzt wollen wir alle Singen ›Ich bin Gottes Kind‹, weil morgen St. Patrick's-Tag ist.«

Mit fünf sagte John, während er mit seiner Milch herumspielte: »Wenn Wolken Kühe wären, würde ich mit meiner Tasse rausgehen, sie vollmachen und sie austrinken.« Und: »Mami, komm mal schnell in die Küche! Das Wasser auf dem Herd spielt verrückt!«

Mit sechs betete er zur Schlafenszeit: »Und mach, daß ich schwimmen lerne! Und wenn mich dann ein Leopard oder ein anderes Katzentier verfolgt, kann ich sagen ›Danke, lieber Gott, für dieses Tier aus der Katzenfamilie‹, und dann springe ich ins Wasser, weil Leoparden nicht schwimmen können, und dann kann ich entkommen. Also mach, daß ich schwimmen lerne!«

Mit zehn rief John die Polizei, weil Aaron und Scott die Anlage oben am Creek zerstörten, indem sie von zwei Meter hohen Rohren auf ein Brett sprangen, das sie über das Schilf gelegt hatten, um ihren Sprung abzumildern. Ich hatte gerade Freunde zu Besuch, als John hereinkam und verkündete: »Mama, es ist meine Pflicht, dir mitzuteilen, daß in ungefähr zwei Minuten ein Polizist hier ist.« Ich hätte John am liebsten den Hals umgedreht, wenn ich nicht gewußt hätte, daß die Polizei auf dem Weg zu mir war. Meine Freunde fanden das Ganze lustig. Auch auf der Polizeiwache fanden es alle komisch. Sie hatten viel Spaß mit den Jungen, die alle durcheinander erklärten, wer sich welche Gedanken um die Anlage machte und wann jemand die Polizei rufen muß.

Mit zwölf schrieb John mitten in der Nacht sein Testament, weil er so schlimme Wachstumsschmerzen im Fuß hatte. »Meinem Freund Davy Tate hinterlasse ich dreißig Dollar, alles, was ich besitze, und meine Platten und meine Kommode, wenn er sie haben will. Meine Poster soll sein Bruder Chris bekommen. Dieses Testament soll zur Bestätigung zu Mrs. Sturgeon gebracht werden. Sie ist meine Lehrerin und kennt meine Handschrift.«

Die schöne Seite des Einfallsreichtums, der Hoffnung und der Faszination besteht immer noch. John ist reizend, großzügig und an allem interessiert. Er kratzt fünfzig Dollar zusammen und schickt sie mir und meiner Freundin, damit wir uns Liza Minelli ansehen können, weil er weiß, daß ich sie toll finde. Er sagt seiner Schwester, wie hübsch sie aussieht, er verteidigt seinen Bruder sogar, wenn dieser grob zu ihm ist, er macht sich Gedanken über seinen Charakter und sagt zu mir: »Mama, sag mir, worüber du bei mir unglücklich bist, damit ich versuchen kann, mich zu bessern!«

Aber da ist auch noch die dunkle Seite. Die *Nachtseite.* Ich nehme an, sie hat etwas mit der Faszination zu tun. John war immer in einem Zauber befangen, hypnotisiert von den Dramen, die sich in seinem Kopf abspielten. Er merkte nicht, was um ihn herum vor sich ging, hörte nicht immer zu, vergaß Dinge oder verdrängte sie. In der Grundschule verlor er so viele Frühstückspakete, daß ich schon daran dachte, sein Brötchen einfach an sein Hemd zu heften. John hat viel von mir, nur daß ich seit frühester Kindheit gelernt habe, damit umzugehen. Bei mir hat sich niemand gefragt, ob ich es wohl bis über das vierte Schuljahr hinaus schaffe.

Die Idee, daß eines meiner Kinder Schwierigkeiten in der Schule haben könnte, war mir nie gekommen. Schlechte Noten kamen nur in anderen Familien vor, so wie Drogenabhängigkeit und unerwünschte Schwangerschaften auch nur in anderen Familien vorkamen. Meine Kinder würden bestimmt all die guten Noten mit nach Hause bringen, die in ihren Genen steckten. Als dann in Johns Arbeiten im zweiten Schuljahr auf einmal eine Reihe von »Nicht befriedigend« auftauchte, verbunden mit Kommentaren wie »John hört nicht zu« oder »Macht keine Hausaufgaben«, war ich erstaunt. Wie konnte ein Kind, das so clever und aufgeweckt war wie John, nicht gut in der Schule sein?

Es mußte wohl an der Lehrerin liegen. Aber am Elternsprechtag war ich sehr beeindruckt von Mrs. Folin gewesen. Sie war eine energische, fröhliche Brünette, die alles gut im Griff zu haben schien. Ich machte also einen Termin mit ihr aus.

»John sitzt genau hier«, sagte sie und zeigte auf ein Pult in der ersten Reihe. »Ich habe ihn nach der ersten Woche hierhin gesetzt. Sie können sich gerne dorthin setzen, wenn es Ihnen nicht zu niedrig ist.«

»Nein, es ist in Ordnung.« Ich schlüpfte hinter das kleine Pult, weil ich alles aus Johns Perspektive sehen wollte, seine Lehrerin, die Tafel, die Laternendekoration an der Wand links von mir. Auf jeder Laterne stand der Name eines Schülers, und ich suchte nach Johns Namen.

»John ist nicht dabei«, sagte Mrs. Folin entschuldigend. »Er ist nicht rechtzeitig fertiggeworden.«

»Oh.«

»Ich bin so froh, daß Sie gekommen sind, Mrs. Pearson«, sagte Mrs. Folin mit einem kleinen Lachen und schüttelte den Kopf. »John hat mich total verwirrt. Ich liebe ihn. Ich bete ihn geradezu an. Er ist eines der charmantesten, entzückendsten Kinder, die ich je gesehen habe. Aber er scheint . . . er scheint die meiste Zeit irgendwo anders zu sein. Ich bitte ihn, weiter laut vorzulesen — er kann sehr gut lesen —, aber er hat nicht aufgepaßt und weiß nicht, wo wir gerade stehengeblieben sind. Ich frage nach den Hausaufgaben, und er hat seine nicht gemacht. Ich stelle eine Aufgabe, und nach ein paar Minuten zeigt er auf und fragt mich, was er tun soll. Er ist ein wundervoller Träumer. Aber er paßt nicht auf und bekommt seine Sachen nicht fertig, und das ist nicht so wundervoll.«

Ich wurde immer kleiner und kleiner, bis ich fast ins Pult paßte. Ganz offensichtlich beschrieb sie John. Und als ich das plötzlich von einer Fremden hörte, schrillten bei mir sämtliche Alarmglocken.

Ich hatte mich an Johns Tagträumereien gewöhnt, war daran gewöhnt, ihn zwei- oder dreimal hintereinander an seine Pflichten zu erinnern, daran gewöhnt, ihn sagen zu hören: »Ich habe es vergessen«, daran gewöhnt, daß er Dinge verlor. Ich hatte all das als Teil von Johns Persönlichkeit akzeptiert. Hatte ich allen Ernstes geglaubt, in der Schule würde das anders sein? Ich hatte ihn nie benoten, nie einen Bericht über ihn schreiben, nie über sein Verhalten in einer Konferenz berichten müssen. Aber wenn ich es gemußt hätte, wäre es mir aufgefallen, und ich hätte genau das gesagt, was Mrs. Folin eben gesagt hatte. Ich seufzte und sah sie an. »Sie haben recht. Was sollen wir tun?«

»Wir dürfen ihm das nicht durchgehen lassen. Gerade jetzt müssen wir ihm ein paar seiner Angewohnheiten abgewöhnen. Wir dürfen nicht so tun, als ob er nichts dafür könne. Ich glaube, wir sollten uns in den nächsten Tagen regelmäßig mit ihm unterhalten. John wird sich die Hausaufgaben aufschreiben, mir sein Hausaufgabenheft zeigen, und ich werde es unterschreiben. Zu Hause wird er es Ihnen zeigen, die Hausaufgaben machen und damit wieder in die Schule kommen.«

Ganz einfach. Bestimmt. Wie konnten in einem so engmaschigen Netz so viele Schlupflöcher sein? Wie kam es, daß John so oft vergaß, seine Lehrerin das Hausaufgabenheft abzeichnen zu lassen? Wie konnte das Heft auf dem Weg von der Schule nach Hause so magisch aus seinem Ranzen verschwinden? Wie konnte er auf die Frage »Was ist mit dem Hausaufgabenheft passiert?« so oft und so aufrichtig »Ich weiß nicht« antworten?

Er war nicht unwillig. Er war nie aufsässig. Nur manchmal . . . war er eben in den Wolken. Aber er gab sich Mühe.

»Wie war es in der Schule?« fragte ich ihn jeden Tag enthusiastisch.

»Toll.«

»Wie war's in Mathe?«

»Toll.«

»Hast du alle Aufgaben richtig gelöst?«

»Ja.«

»Schnell, was ist elf weniger sieben?«

Schweigen. »Das ist die einzige Aufgabe, die ich noch üben muß.«

John wurde in die dritte, in die vierte, fünfte und sechste Klasse versetzt. Seine Lehrer liebten ihn und erzählten mir von seinen wundervollen, kreativen Beiträgen. Aber . . . aber er wirkte häufig völlig abwesend und wurde mit seiner Arbeit nicht fertig. Jeder Lehrer informierte mich mehr oder weniger entschuldigend darüber, und vor allem so, als sei er oder sie der erste, dem das auffiel. Meine Elternsprechtage in der Schule waren ein einziges Déjà-vu-Erlebnis.

Eines Tages, John war in der fünften Klasse, kam er ganz betrübt nach Hause und sagte, nachdem er mir einen Kuß gegeben hatte: »Mama, Mr. Davis nennt mich Mondmann. Und jetzt nennen mich alle Kinder so.« Er sah mich an wie jemand, der von einer Katze gekratzt worden ist, mit der er gespielt hat. Er wußte, daß er den Titel verdiente, obwohl er nicht nett war, und er erwartete gar nicht, daß ich ihn in Schutz nahm. Und doch wollte ich es. Ich wollte meinen Jungen in die Arme nehmen, meinen Jungen, der fast genauso groß war wie ich, und ihn wiegen, bis er wieder klein war, in Sicherheit vor jedem Tritt ans Schienbein, in Sicherheit vor einem Lehrer, der ihn Mondmann nannte, und vor Kindern, die ihn neckten, in Sicherheit vor seinem eigenen Stolpern. Aber Mütter dürfen ihren Kindern nur ein paar kurze Jahre lang Asyl gewähren, und dann müssen sie sich zurückhalten und können nur noch das Beste hoffen.

»Das tut mir leid, John«, sagte ich und fügte dann mit oft geübtem Enthusiasmus hinzu: »Du wirst Mr. Davis wohl beweisen müssen, daß du kein Mondmann bist.«

»Ja«, antwortete er ohne Überzeugung, »ich glaube schon.« Er öffnete seinen Ranzen und reichte mir einen Zettel. »Wegen der Hausaufgaben«, sagte er. »Ich habe die Karte von Europa gestern abend nicht richtig ausgemalt.«

»Was hast du?« Bei mir konnte »Was hast du« schlimmer klingen als »Mondmann« bei irgendeinem anderen.

»Eine meiner Eidechsen hat nicht gefressen, und ich hatte Angst, sie ist krank, deshalb habe ich versucht, sie zu füttern. Und dann hab' ich den Käfig saubergemacht und so. Und irgendwie ist die Tür vom Grillenkäfig aufgegangen, und sie sind alle abgehauen, und ich habe eine Stunde gebraucht, um sie wieder einzufangen, und deshalb habe ich die Karte von Europa nicht mehr geschafft. Kann ich jetzt nach meiner Eidechse gucken?«

»Du kennst unsere Abmachung, John. Hausaufgaben haben Vorrang vor dem Spielen, vor allem.«

John seufzte. »Vor allem, außer aufs Klo zu gehen.«

»Ganz richtig. Setz dich hin und mach die Karte fertig.«

»Mama, kann ich Jesse gerade guten Tag sagen?«

Ein Zittern in Johns Stimme veranlaßte mich, mich umzudrehen und ihn anzusehen.

John hatte in einer Gemeinschaftsproduktion von *Oliver Twist* mitgespielt, und ich hatte damals gefunden, daß er aussah wie diese typisch englischen Gassenjungen, blaß und verletzlich. Manchmal sehe ich diesen Gassenjungen immer noch in ihm, und auch in diesem Moment sah er so aus, süß und traurig mit leeren Händen.

»Bitte, Sir, kann ich noch etwas zu essen haben?« — »Bitte, Mama, kann ich schnell noch Jesse begrüßen?«

Ein Kind sollte nie solchen Hunger haben müssen. »Sicher, John. Lauf zu Jesse.«

Der Hund hatte gesehen, wie John heimgekommen war, und war die ganze Zeit an der Terrassentür zum Wohnzimmer hochgesprungen und hatte gekratzt. Als John herauskam, wedelte der große, schwarze Hund mit dem Schwanz, jaulte vor Entzücken und sprang ihn an.

»Na, Jesse.« Plötzlich wurde John geliebt und gebraucht, auf den Rasen geworfen und am Ohr geleckt. John lachte und schob den Hund von sich weg. »Wollen wir fangen spielen, Jesse, hm?« Während ich beobachtete, wie John unter Jesses Anbetung aufblühte, fiel mir der Tag ein, an dem er den kleinen, schwarzen Labrador (hauptsächlich jedenfalls) aus dem Creek mitgebracht hatte. »Bitte, Mama, er läuft da schon seit zwei Tagen herum. Er braucht ein Zuhause.«

»Oh, John, ich weiß nicht.«

»Bitte. Bitte, Mama, ich brauche einen Hund, ich brauche wirklich einen, ich glaube, ein Hund würde ... er würde mir ... helfen.« John sah mich mit diesem flehenden Leere-Hände-Blick an, der so gar nichts Berechnendes hatte, nur aufrichtig und flehend war.

»Na gut, John, wir sehen mal.«

»Oh, danke, Mama.« Das Kind wußte aus Erfahrung, daß, wenn ich einmal von »Ich weiß nicht« zu »Wir sehen mal« gelangt war, der Rest ein Kinderspiel war.

John hatte recht gehabt. Er brauchte Jesse wirklich. Und als ich nun aus dem Küchenfenster sah, wie die beiden miteinander balgten, Bällchen warfen und es wieder aus dem Geranienbeet herausbuddelten, war ich dankbar für diesen schwarzen Hund, der John so froh machte, der ihn einfach nur liebte und nie nach seinen Hausaufgaben fragte und darüber grübelte, was wohl aus diesem Kind werden sollte. Ich war Jesse dankbar dafür, daß er das für John war, was seine Mutter nicht sein durfte.

Mit der Zeit wuchs meine Frustration. Wie konnte John so oft an einem Tag »Ich habe es vergessen« zu mir sagen? Wie konnte er mich bitten, ihn wegen einer Party ins Jugendheim zu fahren, die erst am nächsten Tag stattfand? Wie konnte er es zulassen, daß ich am Tag der offenen Tür in seinem Pult eine unvollendete Muttertagskarte fand? Wie konnte er fünfundzwanzig Minuten brauchen, um sich morgens anzuziehen? (Eines Tages ging ich an seiner offenen Zimmertür vorbei, und zehn Minuten später saß er immer noch in der gleichen Haltung da und hielt die gleiche Socke in der gleichen Hand. Er sah mich, blickte auf die Socke und schüttelte den Kopf. »Ich kann es auch kaum glauben, Mama«, sagte er.) Wie konnte er vergessen, daß er als Jugendsprecher in der Kirche etwas vortragen sollte? Ich merkte es erst, als ich mit dem Chor dasaß und seinen Namen auf dem Programm las. Ich winkte ihm heftig zu und starb tausend Tode, während er sich rasch darauf einstellte und etwas aus dem Stegreif von sich gab. Wie konnte er innerhalb von ein paar Monaten zwei Mathematikbücher, eine Schultasche und drei Mäntel verlieren? (»Die natürliche Konsequenz, wenn man seinen Mantel verliert, ist, daß man drei Pullover übereinander tragen muß«, habe ich einmal in einem Buch über Kindererziehung gelesen. Aber da jedes normale Kind lieber eine Lungenentzündung riskieren würde, kaufte ich einen neuen Mantel.) Kurz vor einer Reise nach Utah kaufte ich John in einem Billigladen ein Paar tolle Turnschuhe für zwei Dollar. Während der Reise sah ich, daß er seine alten trug, und fragte ihn, ob er die neuen nicht mitgenommen hätte.

»Nein«, antwortete er ausweichend.

»Hast du sie verloren?« fragte ich nach.

»Na ja«, meinte er, »was kann man von so billigen Turnschuhen schon erwarten. Man zahlt zwei Dollar dafür . . . und man verliert sie.«

Irgendwie fand John mit seinem Charme immer einen Ausweg. Bis zur Junior High School.

Den Gedanken an John in Verbindung mit der Junior High School kann ich kaum ertragen. Er steht ganz oben auf meiner Liste der zehn schlimmsten Erinnerungen und ist ganz sicher einer der großen schwarzen Flecke in meiner Laufbahn als Mutter. Ich begann ihn anzubrüllen. Ich schrie. Ich strafte, ich lobte, ich ermutigte, ich fluchte sogar ein paarmal. Ich arbeitete Belohnungssysteme aus. Nichts funktionierte. Ich begann John mit anderen Augen zu sehen. Er war nicht mehr nur mein lieber, reizender Junge. Natürlich liebte ich ihn noch und erfreute mich an ihm, aber manchmal ertappte ich mich dabei, wie ich ihn mit einer Mischung aus Ärger und Mitleid ansah. War John unfähig? Stimmte irgend etwas mit ihm nicht? Ich mobilisierte die Beratungsstelle der Schule und ließ Tests mit ihm machen. Ich ließ Johns Vater zu Beratungen aus San Francisco kommen. (War das ein Teil des Problems? Ich hatte gelesen, daß Jungen, deren Väter nicht zu Hause leben, Probleme in der Schule haben. Aber Johns Verträumtheit hatte lange vor Geralds Weggang, lange bevor John drei war, angefangen.

Er war schon bei der Geburt so gewesen, Wolken von Tagträumen umgaben ihn, als er auf die Welt kam. Und Gerald hatte immer, jedenfalls soweit es ihm möglich war, Interesse an Johns schulischen Belangen gezeigt und ihn in allem ermutigt.) Die Beratungsstelle versicherte uns, daß mit John alles in Ordnung sei. Er sei nur unorganisiert und unmotiviert.

Ich griff nach jeder positiven und negativen Motivation, die ich mir vorstellen konnte. Als ich die Jungen einmal mit nach New York nahm, sahen wir einen schmutzigen, zerlumpten jungen Mann von höchstens dreißig, der an der Grand Central Station von einer Telefonzelle in die andere schlurfte.

»Was macht der Mann da, Mama?« fragte Aaron mit großen Augen.

»Er sucht nach Wechselgeld.«

»Warum ist er so geworden?« fragte John.

»Er hatte schlechte Noten«, antwortete ich. »Das passiert mit Leuten, die schlechte Noten haben.«

Ich versuchte mich zu erinnern, über welches Genie ich gelesen hatte, das so schlecht in der Schule war. War es Einstein? Allerdings war mir auch klar, daß auf jedes Genie zehntausend Versager kamen, die die Straßen entlangschlurften und in Telefonzellen nach Wechselgeld suchten. Würde John womöglich so enden? Würde er womöglich eines Tages auch zu diesen Verlorenen gehören, mit trüben Augen, ungewaschenen und ungekämmten Haaren und einer High-School-Jacke als einzigem Schutz gegen die Kälte, oder vielleicht sogar nur einer Mülltüte aus Plastik, weil er sein Jackett verloren hatte? Natürlich nicht. Und doch — all diese traurigen Gestalten waren nicht von Anfang an Versager gewesen. Sie waren ausgestoßen worden oder irgendwie durch die Löcher des Netzes gefallen. Ich hatte das Gefühl, Johns ganze Zukunft läge auf meinen Schultern, und sie lastete schwer auf mir. Wenn er sich nicht genug darum kümmerte oder aus irgendwelchen Gründen nicht genug dafür tun konnte, würde ich es für ihn tun müssen. Ich würde ihm meine Energie übermitteln müssen, um die Energie, an der es ihm fehlte, aufzufüllen. Seine Gaben waren kostbar, aber er würde nie etwas damit anfangen können, wenn er sich nicht an eine gewisse Organisation gewöhnte. Ich merkte, wie ich ihn schob und drängte wie ein Pferd, das einen Wagen aus dem Morast ziehen soll.

Immer wieder fanden zwischen uns die gleichen Gespräche statt. Ich (geduldig): »John, ich habe heute mit deinem Lehrer telefoniert. Er sagt, von dir fehlen noch fünf unterschriebene Arbeiten.«

John (überrascht): »Wirklich? Fünf?«

Ich« »Ja, John, fünf. Wie konnte das passieren?«

John (aufrichtig): »Ich weiß nicht.«

Ich: »Aber es steht an der Wandtafel im Klassenzimmer, welche Arbeiten unterschrieben werden müssen. Du kannst das jeden Tag überprüfen und nachsehen, welche Noten du hast. Wußtest du das nicht?«

John: »Doch.«

Ich (beherrscht): »Warum hast du denn dann nicht nachgeguckt?«

John: »Ich habe es vergessen.«

Ich (explodierend): »Ich habe es vergessen. Das ist wohl dein Lieblingssatz! John, du machst mich wahnsinnig! Was soll ich bloß mit dir machen? Willst du denn nicht gut in der Schule sein?«

John (leise): »Doch.«

Ich: »Warum machst du denn dann nicht einfach all die Sachen, die getan werden müssen, die jeder mit einem bißchen Hirn tun kann? John, du bist doch ein gescheiter Junge! Du hast der Welt etwas Großartiges zu geben, aber du wirst es ihr nicht geben können, wenn du nicht am Ball bleibst. Was ist bloß los mit dir?«

John (in Tränen augelöst): »Ich weiß nicht.«

Ich (schreiend): »Ich weiß es auch nicht! Wie, glaubst du eigentlich, komme ich mir vor? Wie, glaubst du, fühle ich mich, wenn ich jede Woche in die Schule latschen muß, nur weil mein Sohn seine Sachen nicht erledigen kann? Ich gebe auf! Ich gebe es einfach auf!«

Aber ich gab natürlich nicht auf. John wurde ein Freshman, und ich stieß und zerrte und schrie und litt weiter. Und wie ich litt. Ich empfand das Ganze als persönlichen Affront, als Angriff auf meinen Stolz — ich hatte als Mutter versagt. Meine Kinder waren Ton in meiner Hand gewesen, und ich hätte etwas Wundervolles aus ihnen formen müssen. Was hatte ich bloß falsch gemacht? Jedes Mal, wenn ich hörte, daß ein Kind von Freunden in Stanford aufgenommen worden war oder ein Stipendium für Brigham Young bekam, durchfuhr mich ein stechender Schmerz. Meine Kinder bekamen kein Stipendium. Sie taten viele wundervolle Dinge, aber keins von ihnen verbrachte Stunden in der Bibliothek, um ganz sicherzugehen, daß die Hausaufgaben vollkommen richtig waren. Ich hatte das getan. Warum taten sie es also nicht? Und wie konnte John so ruhig zusehen, wie ihn die anderen in einer Staubwolke zurückließen?

Wieder einmal saß ich mit John in meinem Zimmer und führte ein Gespräch mit ihm. »John«, sagte ich feierlich und des Ganzen überdrüssig, »die High School ist wichtiger, als du dir vorstellen kannst. Wenn du jetzt nicht gut in der Schule bist, sind dir später alle Möglichkeiten verbaut. Wußtest du, daß Berkeley sogar A-Studenten abweist? Wußtest du, daß es immer schwieriger wird, auf die Brigham Young University zu kommen? Ich weiß, daß du aufs College gehen möchtest. Ich weiß, daß du dein Leben nicht als Tankwart oder so etwas beschließen willst. Du mußt dafür sorgen, daß du Erfolg hast. Ich werde dir dabei helfen. Ich habe hier einen kleinen Vertrag aufgesetzt.«

John seufzte und drehte sein Gesicht zur Wand.

»Du wirst dir jedes Privileg durch deine schulischen Leistungen verdienen müssen — alles, Wochenendvergnügen, Fernsehen, Besuch von Freunden, einfach alles. Ich weiß, das klingt hart, aber weißt du, wie hart die Welt da draußen ist, wie hart der Wettbewerb ist? Da draußen kann dich keiner beschützen, John.«

»Oh, Mama!« John wandte mir sein Gesicht zu, Tränen liefen ihm über die Wangen. »Du willst mir nicht wirklich helfen! Ich weiß, du versuchst mir zu helfen, aber das ist keine Hilfe! Mama, wußtest du, daß vor langer Zeit auf Hawaii eine Schlangenplage war? Die ganze Insel wimmelte nur so von

Schlangen. Also führten sie Mungos ein, um die Schlangen loszuwerden. Aber die Mungos töteten statt dessen alle Vögel.«

Töteten statt dessen alle Vögel? O John, ich möchte nicht deine Vögel töten. Das wollte ich nie! Habe ich das getan? Ich wollte doch, daß deine Vögel fliegen, all diese wunderschönen Vögel, die ich seit dem Tag gesehen habe, an dem du sagtest: »Wenn Kühe Wolken wären, würde ich mit meiner Tasse nach draußen gehen, sie vollmachen und austrinken.«

Ich zerriß den Vertrag. Ich gab auf. Ich zog meine Energie ab und überließ John sich selbst. Ich versuchte, mir keine Sorgen zu machen und keine Panik aufkommen zu lassen, wenn manche seiner Noten immer noch ziemlich schlecht waren. Ich brüllte ihn nur noch gelegentlich an, versuchte jedoch immer mehr, die Vögel zu beobachten und sie zu bewundern.

Ich glaube nicht mehr daran, daß meine Kinder Ton in meinen Händen sind, den ich formen muß. Vielleicht muß ich sie einfach nur wärmen, damit sie sich selbst formen können. Vielleicht ist es so, wie Kahlil Gibran sagt, daß unsere Kinder nicht zu uns, sondern durch uns kommen. Ich versuche, John und seine Geschwister als Individuen zu sehen, als Menschen, die nicht dazu da sind, daß ich meine Pläne mit ihnen verwirkliche, sondern die für sich selbst den bestmöglichen Plan entdecken und erfüllen müssen.

Wie Aaron, der keine Bücher lesen will. Er hat sehr gute Noten, aber freiwillig packt er kein Buch an. Ich bitte ihn, dränge ihn, will ihn zwingen, aber er will nicht lesen. »Ich lese nicht gerne«, sagte er vor ein paar Jahren, als ich alle Kinder aufforderte, sich ein Buch zu holen und den Abend mit Lesen zu verbringen.

»Was machst du denn gerne?« fragte ich ihn enttäuscht.

»Ich baue gerne Sachen«, sagte er mit seiner kleinen, aufrichtigen Stimme.

Ich wußte das natürlich, und doch fiel es mir schwer zu glauben, daß irgend jemand, und vor allem eins meiner Kinder, nicht lieber ein Buch las als irgend etwas anderes zu tun. Obwohl es mir schwerfällt, versuche ich doch, es zumindest nicht zu verurteilen. Gestern verbrachte Aaron den ganzen Tag damit, ein Paar Lautsprecher für seine Stereoanlage zu bauen, und er machte das wirklich großartig. Obwohl weder sein Geburtstag noch Weihnachten oder sonst etwas war, kaufte ich ihm eine Motorsäge. Aber trotz all dieser Bemühungen werde ich mich immer an den Tag, diesen einen wundervollen Tag erinnern, als Aaron einen Krimi las, den ich ihm schließlich doch noch aufgedrängt hatte, und Katy, die ihn zum Essen hatte holen wollen, kam wieder herunter und sagte: »Aaron sagt, wir sollten schon mal anfangen; er möchte erst sein Buch zu Ende lesen.«

»Ich hole ihn«, sagte Emily und sprang von ihrem Stuhl auf.

»Nein!« Ich packte sie bei den Schultern, drückte sie zurück auf ihren Stuhl und flüsterte aufgeregt: »Laßt ihn in Ruhe! Stört ihn jetzt um Himmels willen nicht! Aaron liest!«

John bekam für seine guten Leistungen einen Preisnachlaß, als er seinen Führerschein machte, und heute ist er wesentlich glücklicher als zu der Zeit, als wir wegen seiner Schulleistungen noch ständig miteinander gekämpft haben. Er hat auch die nervöse Angewohnheit, seine Hände pausenlos zu verschränken, wieder abgelegt.

John hat keine Chance, in Berkeley oder an anderen Universitäten aufgenommen zu werden, aber er hat Ziele, und er arbeitet dafür. Er wird sich an der kalifornischen Kunstakademie einschreiben, wo er nach seiner Zeichnungsmappe und nicht nach seinen Noten beurteilt wird. Er gibt sich viel Mühe damit, sie fertigzustellen, besteht aber nach wie vor darauf, daß das Leben nicht nur aus Arbeit besteht und kann bis drei Uhr morgens mit Mark und Darren irgendwelche Spiele spielen.

Kürzlich bekam ich einen Bericht über seine Fortschritte, und ich rief John zu mir ins Schlafzimmer.

»In welchem Fach, glaubst du, bist du nicht so besonders gut?« fragte ich ihn.

»Ach du lieber Himmel«, sagte er. »Hm, Informatik?«

»Richtig. Wie gedenkst du das zu ändern?«

»Ich rede morgen mal mit dem Lehrer.«

»In Ordnung.«

Ein paar Wochen später rief mich sein Lehrer an. »Ich habe eigentlich keinen richtigen Grund für meinen Anruf«, sagte er. »Ich wollte Ihnen nur sagen, wie beeindruckt ich von dem bin, was John in der letzten Zeit macht. Er hat richtig Feuer gefangen, und seine Noten werden von Tag zu Tag besser.«

Hoffnungsvoll und faszinierend!

John ist immer noch vergeßlich, er wird es vermutlich auch sein Leben lang bleiben, selbst wenn es sich um wundervolle Dinge handelt, die er besser behalten sollte. Vor ein paar Monaten sagte er in einer Samstagnacht um halb zwölf schüchtern zu mir: »Mama, können wir morgen nach San Francisco fahren?«

»Warum?«

»Zwei meiner Bilder haben Preise gewonnen, und die Preise werden jetzt verliehen. Morgen in San Francisco.«

»John, das ist ja toll! Warum hast du das denn nicht früher gesagt?«

»Ich hab's vergessen.«

2.
Das Vierter-Preis-Kind

Als viertes Kind bekam Katy immer nur alles, was übrigblieb. Ich war mir dessen bewußt, wußte aber nicht, wie sie das sah. Und ich glaube, daran dachte sie auch nicht, als sie eines Abends etwas zu mir sagte, aber mich machte es natürlich nachdenklich.

Wir hatten einen reizenden Abend zusammen verbracht, und ich schmuste mit ihr, küßte und kitzelte sie. Plötzlich packte ich sie, schüttelte sie leicht und sagte: »O Katy, Katy! Wie bin ich nur an dich geraten! Ich muß irgendein Preisausschreiben gewonnen haben, und du warst der erste Preis!«

Katy schüttelte ernst den Kopf und sagte: »Nein, Mama. Nein. Ich war der vierte Preis!«

Vierter Preis? Kam sie sich vor wie der vierte Preis? Ich wußte, daß Katy nicht der vierte Preis war, ich wußte aber auch, und manchmal kam mir das erschreckend vor, daß sie oft nur den vierten Preis bekam.

Es gab eine Zeit, da pickte Katy sich nur das Hühnchen aus dem chinesischen Chop Suey, das ich gekocht hatte. »Katy, nimm dir bitte auch Gemüse«, sagte ich.

»Ich möchte nur Hühnchen«, erwiderte sie.

»Katy!« sagte John. »Mir ist egal, was Mr. Rogers sagt. Du bist nicht so einzigartig!«

Wir lachten darüber, aber heute frage ich mich, ob Katy einzigartig genug war und ob sie jemals ihren Anteil am Hühnchen bekommen hat.

Einmal hörte ich, wie Katy in der Küche sagte: »Ich glaube, ich esse jetzt ein Eishörnchen.«

Aaron antwortete: »Wir haben kein Eis mehr.«

»Oh. Dann esse ich eben nur das Hörnchen.« Und fröhlich kauend lief sie hinaus.

Ein leeres Hörnchen? Ist für Katy immer nur das übriggeblieben?

Ich habe nie richtig darüber nachgedacht, aber Katy ist in eine schwierige Zeit hineingeboren. Die anderen drei kamen in einer Ehe und einer funktionierenden Familie zur Welt. Katy ist zwar ehelich, aber als sie zur Welt kam, kämpfte die Familie schon um ihr Überleben. Sie hat keinen Streit zwischen ihren Eltern mitbekommen, aber sie hat natürlich ganz gewiß den Streß gespürt.

Und Katy hatte nicht mehr so viel von ihrem Vater, wie die anderen drei von ihm gehabt hatten. Er liebte sie, aber er war nicht mehr so für sie da wie für die anderen, als sie klein waren. Als Emily drei war, hatte er ihr Julias Balkonszene beigebracht, bis sie sie auswendig rezitieren konnte, aber für Katy gab es solche besonderen Momente nicht. An ihrem ersten Geburtstag schrieb er für sie in ein kleines Tagebuch, das ich für sie angelegt hatte: »Deine Geburt war für mich eine schöne und wichtige Erfahrung in einer schwierigen Zeit meines Lebens.« Diese schwierige Zeit absorbierte jedoch soviel von der Zeit und der Kraft ihres Vaters, daß nur noch wenig für seine Kinder übrigblieb, vor allem für die jüngsten. Ich sah, wie er kam und ging und gab, was er konnte, und ich wußte, es war nicht genug, konnte aber nichts dagegen machen. Hatte Katy, wenn sie sah, wie sich Gerald viermal so lange mit Emily beschäftigte, einfach weil sie viermal soviel Gesprächsstoff miteinander hatten, das Gefühl, sie sei nur der vierte Preis?

Nicht nur ihr Vater hatte Schuld, auch ihre Mutter. Ich habe viel weniger Photos von Katy als von Emily, und auch viel weniger Tonbandaufnahmen.

Warum habe ich das zugelassen? Wenn man seine Zeit aufteilen muß und unter Streß steht, bleibt immer das schwächste Glied in der Kette auf der Strecke.

Katys Schrank zum Beispiel ist voll von bereits getragenen Sachen. Es ist nicht oft vorgekommen, daß ich ihr etwas Neues gekauft habe. Als Emily einmal unbedingt etwas haben wollte, sagte sie zu mir: »Denk dran, Mama, je mehr du für mich kaufst, desto weniger brauchst du für Katy zu kaufen.«

Als ich eines Abends feststellte, daß Katy das ganze Abendessen über wieder einmal nur zugehört und nichts gesagt hatte, sprach ich mit den anderen Kindern über sie, als Katy nicht dabei war. »Könnt ihr nicht manchmal einfach still sein und auch Katy zu Wort kommen lassen? Ich weiß, daß ihr das nicht extra macht, aber ihr gebt ihr nie eine Chance, auch mal etwas zu sagen.«

»Mama hat recht«, sagte Emily schuldbewußt. »Arme Katy.«

»Wenn man in eurer Anwesenheit versucht, einen Satz einzuwerfen, ist das so ähnlich, als wollte man einen Preßlufthammer, der nie abgestellt wird, überschreien. Hört doch ab und an einfach mal zu. Ich möchte, daß jeder von euch Katy jeden Tag irgendeine Frage stellt, über die Schule oder so.«

Die Kinder waren sehr einsichtig, vergaßen es aber genauso schnell auch wieder. Und Katy bekam weiterhin weniger Aufmerksamkeit, als ihr zustand.

Ich machte mir auch immer Gedanken darüber, daß Katy ihr Licht unter den Scheffel stellte, nicht so sehr, weil sie selbst es wollte, sondern weil sie einfach weniger beachtet wurde. Ging das jedem Nesthäkchen so? Emily, John und Aaron beanspruchten soviel Aufmerksamkeit, daß Katy darüber vergessen wurde. Sie ist anscheinend völlig überwältigt, dachte ich bei mir, als ich Katy beobachtete, wie sie wieder einmal den anderen zuhörte. Sie war zwar eine begeisterte Zuhörerin, aber eben nur eine Zuhörerin.

Warum wollte sie sich nicht selbst darstellen, auch dann nicht, wenn wir sie geradezu dazu drängten? Sie ist ein hübsches Kind, mit einem fein gezeichneten Profil, schmal und anmutig — sie sieht aus wie eine Ballerina. Und doch war es schwierig, Katy dazu zu bringen, zu singen oder zu tanzen. Selbst wenn sie und ich im Auto alleine waren und ich vorschlug, ein Lied zu singen, stimmte sie nur manchmal zu, meistens wollte sie das nicht. Emily sang und tanzte pausenlos, seit sie zwei Jahre alt war. Warum Katy nicht? Oder vielleicht . . . ja, vielleicht war das der Grund: War die Konkurrenz zu groß?

Und warum wollte sie sich immer möglichst unauffällig und langweilig anziehen? Jeans und Sweatshirt waren ihre Standarduniform, und ich wurde das Gefühl nicht los, daß das eine Art Kampfanzug war. Sie lehnte alles ab, was irgendwie Aufmerksamkeit erregen konnte. Es wurde zum ständigen Kampf zwischen uns, wenn sie sonntags zur Kirche ein Kleid anziehen sollte, und wenn schon, dann mußte es so wenig wie möglich wie ein Kleid aussehen. Alles Fließende oder Weibliche mit Rüschen oder Spitzen kam nicht in Frage, war blöd.

Eines Morgens erschien Katy zu unserem großen Erstaunen in einer Rüschenbluse und einer hellen engen Hose, die zu tragen sie sich das ganze Jahr geweigert hatte. Sie hatte sich sogar Locken gemacht.

»Katy!« sagte Emily. »Du siehst richtig süß aus!«

»Ja«, sagte Katy geringschätzig und warf den Kopf zurück. »Es ist Monsterschau.«

Die Tatsache, daß sie sich nicht gut ausdrücken konnte, machte mir große Sorgen. Eines Abends — Katy war ungefähr acht Jahre alt, und wir beide lagen auf meinem Bett — sagte ich zu ihr: »Katy, erzähl mir eine Geschichte!«

»Erzähl du mir eine Geschichte«, antwortete sie.

»Ich brauche jetzt aber eine Geschichte. Mir erzählt nie jemand eine Geschichte. Erzähl du mir eine. Erfind einfach eine.«

»Das kann ich nicht.«

»Na gut, wir fangen zusammen an. Ich sage den Anfang, und du machst weiter.«

»Okay.«

»Es war einmal ein wunderschönes . . .«

»Pferd.«

Ich wartete. Sie war bereits fertig mit ihrem Beitrag. Ich machte weiter. »Und dieses wunderschöne Pferd lebte in einem fernen Königreich, dessen König ein großes . . .«

»Problem hatte.«

Ich wartete wieder. Nichts. Also erzählte ich weiter. ». . . und der König beschloß, er könne dieses Problem niemals allein lösen, weil das Problem . . .«

»Groß war.«

Ich lachte. »Katy, das ist nicht fair. Du läßt mich ja die ganze Arbeit machen. Komm jetzt. ›Das große Problem bestand darin, daß der König . . .‹«

»Ein Pferd haben wollte.«

»Wofür?«

»Um darauf zu reiten.«

»Wohin?«

»Überallhin.«

Ich kitzelte Katy, bis sie keine Luft mehr bekam. »Katy, das macht ja keinen Spaß! Warum willst du mir keine Geschichte erzählen? Ich brauche jetzt eine!«

»Mami«, sagte Katy, als sie aufgehört hatte zu lachen, »ich bin kein Geschichtenerzähler, ich muß welche erzählt bekommen!«

Erzählt bekommen? Eine Achtjährige, die ihr Licht freiwillig unter den Scheffel stellt? War ich daran schuld? Oder die Abwesenheit ihres Vaters? Oder ihre überwältigenden, einschüchternden Vorschlaghammer-Geschwister? Oder ist sie einfach so, und es ist vielleicht absolut gar nichts falsch daran, daß sie nicht singen oder tanzen oder Geschichten erzählen oder interessante Sachen anziehen will?

Ich habe wahrscheinlich immer versucht auszugleichen, daß Katy die Jüngste war und am wenigsten abbekam. Immer und überall bemutterte ich sie. Auch die anderen Kinder waren länger als der Durchschnitt gestillt worden, hatten sich aber, als sie bereit dazu waren, selbst abgestillt. Katy dagegen wollte noch nach ihrem dritten Geburtstag an meiner Brust trinken. Sie brauchte nicht so sehr die physische Nahrung, sie war eher ein Gesellschaftstrinker. Sie fand es angenehm, sich an einen warmen Körper zu kuscheln und geliebt zu werden. Eines Abends, als das Leben ihr einen seiner kleinen Schläge verpaßt hatte, kam Katy und wollte gestillt werden.

»In Ordnung, Katy«, sagte ich. »Laß uns ins Wohnzimmer gehen, und du kannst an der Brust trinken, während ich die Zeitung lese.«

»Nein«, sagte sie, »ins Vorderzimmer, wo die anderen fernsehen.«

»Ich möchte aber die Zeitung lesen, Katy.«

»Die rechte Brust im Wohnzimmer«, sagte sie, »und die linke im Vorderzimmer.«

Das war das letzte Mal, daß ich Katy stillte. Ein Kind, das so über das Stillen verhandelt, braucht es nicht mehr.

Katy hat sicherlich immer viel Liebe bekommen. Von Anfang an hatte sie Geschwister, die sie anbeteten, drei mehr als Emily, zwei mehr als John und eins mehr als Aaron. Die Jungen liebten sie, Emily jedoch machte sie zu ihrem Eigentum. Katy gehörte ihr, sie war die ersehnte kleine Schwester, bei deren Geburt sie jedem Jungen, der dafür nicht zur Welt gekommen war, verzieh.

Alle Naselang sah Emily nach Katy, immer wenn sie eine ihrer »Katy-Attacken« hatte. Sie umarmte sie, streichelte sie, küßte sie und gab ihr das Gefühl, unglaublich geliebt zu werden. Emily hatte auch »John-Attacken« und »Aaron-Attakken«, aber bei weitem nicht so häufig wie ihre »Katy-Attakken«.

»O Katy«, sagte Emily eines Abends, als sie beide auf dem Fußboden lagen, »du darfst mich nie verlassen. Ich weiß was, Katy, wir heiraten uns als siamesische Zwillinge, und dann können wir immer zusammenbleiben.«

Warum war das nicht genug? Warum mußte Katy unbedingt einen jungen Hund haben?

Ich hatte kein Bedürfnis nach einem Welpen. Ich brauchte auch Johns Hund Jesse, den er am Creek gefunden hatte, nicht. Ich brauchte die Katzen nicht, die Boa Constrictor, die Schildkröten, die Eidechsen, die Goldhamster, noch nicht einmal den Goldfisch. Aber es war mir klar, daß andere Leute im Haus sie brauchten.

Als Katy zum ersten Mal zu mir sagte: »Mama? Weißt du, was ich möchte, was ich schrecklich gern möchte?«, hörte ich nur mit einem Ohr zu.

»Ein Pferd«, tippte ich. Das war ungefährlich. Wir wußten beide, daß das ein unerfüllbarer Traum war.

»Nein. Einen kleinen Hund.«

»Wirklich?«

»Bitte!«

»Katy, das kann nicht dein Ernst sein. Wir haben schon einen Hund.«

»Der gehört mir aber nicht. Ich brauche einen kleinen Hund, meinen eigenen kleinen Hund.«

Das werde ich besser mal im Keim ersticken, dachte ich bei mir und wandte ihr meine volle Aufmerksamkeit zu. »Katy, es besteht nicht die leiseste Hoffnung, nicht die mindeste Chance, daß wir noch einen Hund ins Haus bekommen. Es tut mir leid. Ende der Durchsage.«

Als ich an diesem Abend vor dem Essen an Katys Zimmertür vorbeikam, sah ich, daß sie auf dem Bett lag und weinte. Ich ging zu ihr und kniete mich ans Bett. »Katy! Was ist los?«

»Mein Hund! Ich möchte so schrecklich gerne einen Hund!« Ihr süßes Gesichtchen war ganz verzerrt, als sie sich zur Wand drehte und schluchzte.

Ich seufzte. Heute früh war die Waschmaschine kaputtgegangen. Heute nachmittag hatte ich eins von *meinen* Gedichten in Ann Landers Kolumne gelesen, und darunter hatte gestanden, der Verfasser sei unbekannt. Eben hatte ich erfahren, daß die Mutter einer Freundin gestorben war. Und jetzt brauchte Katy einen Hund.

Ich nahm sie in die Arme. »Katy, Katy, es tut mir so leid, aber es geht nicht. Es geht einfach nicht!«

»Warum?«

Und ich betete zum ersten Mal von vielleicht insgesamt vierundsiebzig Malen die gesamte Liste herunter. Wir haben schon einen Hund. Noch einen Hund stehe ich nicht durch. Sie würde wollen, daß der Hund sich im Haus aufhält, und ich hatte schon zu der Zeit, als Jesse drinnen hatte sein dürfen, den Geruch und die Flöhe nicht ertragen können. Junge Hunde verrichten überall im Haus ihr Geschäft. Was würde sein, wenn Jesse und der kleine Hund sich nicht vertrügen? Ihrer Katze Juliet würde ein junger Hund auch nicht recht sein. Ich kann es kaum ertragen, wenn ein Hund bellt, wie sollte ich das bei zwei Hunden aushalten? Und dann das Geld, die Impfungen, das Futter, der Tierarzt. »Katy, es ist unmöglich. Es gibt viele Dinge, die ich gerne hätte, aber ich kann auch nicht alles bekommen, was ich möchte. Das kann keiner. Es tut mir leid.«

Am nächsten Tag brachte sie das Thema wieder zur Sprache. Am Tag darauf auch. Und am Tag darauf. Ich hörte die Haustür zuschlagen um zehn nach vier und überlegte schon, ob ich mich im Badezimmer verstecken sollte. Sie brachte das Thema heiter oder in Tränen aufgelöst vor. Sie alberte herum, und sie bettelte. Sie machte Witze, und sie argumentierte sachlich. Sie redete *jeden* Tag davon.

Auf der Einkaufsliste, die in der Küche an der Wand hing, fand ich eine Eintragung, die nicht von meiner Hand stammte: »Junger Hund für Katy.«

Auf der Liste der Dinge, die ich erledigen mußte, auf meinem Schreibtisch, stand in der gleichen Handschrift »Jungen Hund für Katy besorgen«.

Einmal ließ sie auf meinem Bett ein Buch von Shel Silverstein liegen, aufgeschlagen bei einem Gedicht mit dem Titel »Wie du deine Eltern dazu bringst, dir ein Pony zu kaufen«.

. . . Und Abigail begann zu weinen und sagte:

»Wenn ich kein Pony kriege, werde ich sterben.«
Und ihre Eltern sagten: »Du wirst nicht sterben.
Kein Kind ist jemals daran gestorben, daß es kein Pony bekommen hat.«
Und Abigail ging es so schlecht,
und als sie nach Hause kam, ging sie zu Bett,
und sie konnte nicht schlafen,
und ihr Herz war gebrochen,
und sie s t a r b wirklich —
alles wegen eines Ponys,
das ihre Eltern ihr nicht kaufen wollten.
(Diese Geschichte eignet sich sehr gut dazu,
daß du sie deinen Eltern zu lesen gibst,
wenn sie dir etwas, was du dir wünscht,
nicht kaufen wollen.)

Sie sprach über ihr Unglück mit unserer Freundin Lynn Ann und bekam von ihr den Rat, mir Zeit zum Nachdenken zu geben und das Thema drei volle Wochen lang nicht anzuschneiden. Das klappte jedoch ganz und gar nicht, da ich dachte, Katy hätte aufgegeben, und überglücklich war.

Als das Trauerspiel wieder begann, hatte ich, wie ich dachte, eine hervorragende Idee. »Katy, mein Schatz«, sagte ich enthusiastisch, »ich glaube, ich weiß eine Lösung. Wie wäre es, wenn Jesse dein Hund würde? John hat nichts dagegen. Du weißt ja, daß sich um Jesse nicht genug gekümmert wird. Wir gehen mit ihm zum Hundefriseur und lassen ihn baden und scheren, und wenn er dann mit einer Schleife um den Hals nach Hause kommt und gut riecht, dann feiern wir ein Adoptionsfest, und du kannst ihm, wenn du willst, sogar einen neuen Namen geben, und von da an ist er dein Hund ganz alleine.«

Meine Stimme war immer enthusiastischer geworden, so als ob ich erzählen wollte, wieviel Spaß es machen würde, zum Zahnarzt zu gehen und einen Luftballon und eine brandneue Zahnbürste geschenkt zu bekommen. »Wie findest du die Idee, Katy?«

Schon wieder was Abgelegtes? Katy schwieg einen Augenblick, dann sah sie mich traurig an und schüttelte den Kopf. »So hab' ich mir das nicht vorgestellt, Mama. Jesse ist ganz in Ordnung für einen großen, schwarzen Hund, aber er ist nicht mein kleiner Hund.«

Gut, ich hatte es zumindest versucht.

Mürbe gemacht erlaubte ich Katy, zwei Tage vor Weihnachten mit ihrem Goldhamster zum Tierarzt zu gehen, als sie entdeckte, daß er eine Wunde an seinem winzigen Bein hatte. Das kostete mich sechsunddreißig Dollar für Nähen und Antibiotika. Ich wunderte mich über mich selbst, als ich den Scheck ausstellte. Aber wenn das arme kleine Mädchen keinen Hund bekam, konnte sie wenigstens mit ihrem Goldhamster zum Tierarzt gehen.

Aber sie würde trotzdem erst Ruhe geben, wenn sie einen kleinen Hund hatte. Ich ging Katy aus dem Weg. Ich diskutierte mit ihr. Ich spielte meine Autorität aus und erklärte, ich wolle das Wort »kleiner Hund« nie wieder in meinem Leben hören.

Ich kam mir abwechselnd vor wie eine Rabenmutter, die für ihr Kind keine Opfer bringen wollte, und wie ein gequältes Opfer, das mißbraucht und mißhandelt wurde. Aber ich gab nicht nach.

Eines Nachmittags kam ich später nach Hause als geplant, und Katy kam aufgeregt zu mir an die Haustür gerannt. »Wo bist du gewesen?«

»Ich war mit Annie spazieren«, sagte ich. »Und dann habe ich noch ein paar Einkäufe gemacht. Warum?«

»Oh. Ich hab' gedacht, vielleicht . . . vielleicht besorgst du mir einen kleinen Hund.«

Meine Entschlußkraft ließ immer mehr nach. Und dann eines Sonntagnachmittags brachte ein Tropfen das Faß zum Überlaufen. Emily hatte festgestellt, daß der Tod ihres Vaters unerwartet einige widersprüchliche Gefühle bei ihr ausgelöst hatte, und sie trommelte uns alle zu einem ernsten Gespräch zusammen. Sie wollte sichergehen, daß keins der anderen Kinder Gefühle über ihn verdrängte, und sie fragte jeden einzelnen danach.

Aaron: »Mir geht's gut. Ich glaube, wenn irgendwas Schlimmes passiert, sitzt man am besten nicht nur so herum und grämt sich darüber. Man versucht, darüber hinwegzukommen und sich weiterzuentwickeln.«

John: »Ich denke nicht viel darüber nach. Ich verstecke meine Gefühle nicht, glaube ich. Es ist eben passiert, und es war schlimm, aber es belastet mich nicht.«

Katy: »Na ja, ungefähr einmal am Tag sitze ich da und weine wegen der Dinge, die ich nicht haben kann — wie meinen Papa und einen kleinen Hund.«

Ping! Das war der letzte Tropfen, und jetzt lief der Countdown. Es gab keinen Ausweg. Keinen Ausweg.

»Katy«, sagte ich an diesem Abend zu ihr. »Du solltest wohl nach unten ins Gästezimmer umziehen.«

»Warum?«

»Es ist wahrscheinlich bequemer für dich, wenn du deinen kleinen Hund da unten stubenrein erziehst.«

Katy kreischte auf und warf mich fast um. »Meinen kleinen Hund? Oh, Mama! Danke, danke, danke!«

Als ich ins Bett ging, fühlte ich mich gut. Na klar, warum sollte Katy keinen kleinen Hund haben? Selbst wenn ich dadurch noch ein bißchen mehr Arbeit hatte, selbst wenn ich eigentlich dafür bezahlen mußte, hatte Katy nicht wenigstens einmal in ihrem Leben den ersten Preis verdient? Einmal nicht etwas Abgelegtes, sondern etwas ganz für sie allein, ganz neu, einen brandneuen, spitzenmäßigen Weltklasse-Welpen?

Ich erkundigte mich nach den besten Züchtern für Familienhunde, ließ mir von Lynn Ann einen Keeshond empfehlen, erfuhr durch eine Freundin von einem Wurf, der gerade in Utah zur Welt gekommen war, führte ein Ferngespräch mit den Züchtern und vereinbarte mit einer Freundin, die gerade von dort zurückflog, den Welpen im Flugzeug mitzubringen. Meine Erregung wuchs. Meine Erregung darüber, noch ein Tier in unseren Haushalt zu bekommen, wuchs tatsächlich.

Und Katy war total aus dem Häuschen.

Die Fahrt zum Flughafen in Oakland, um den Welpen in Empfang zu nehmen, war genauso aufregend wie die Fahrt zum Krankenhaus, wenn man ein Baby erwartete, nur daß man keine Wehen dabei hatte. Wehen hatte ich beim Gebären der Idee gehabt, aber nachdem die Idee einmal heil auf der Welt war, ging es mir gut. Der Anblick der Bucht mit ihren Segelbooten entlockte mir immer ein Lächeln, aber dieses Mal lächelte ich schon, bevor wir überhaupt das Wasser sahen. Vielleicht habe ich meinem vierten Kind gegenüber immer ein leichtes Schuldgefühl, aber die frohe Erinnerung an diesen Ersten-Preis-Tag, an Katy, die am Flughafenschalter vor Entzükken aufstöhnte, als sie den kleinen Käfig öffnete und die Nase von Bridge Baby Brown Eyes zum Vorschein kam, wird mich niemals mehr verlassen.

Gestern sind zwei wundervolle Dinge passiert. Na ja, eigentlich sogar drei. Ann Landers rief an, um sich zu entschuldigen und mir zu sagen, daß sie einen Zusatzartikel abdrucken würde, um mein Gedicht zu würdigen.

Aber was viel besser ist, Katy und ich haben unseren ersten Ballettunterricht zusammen gehabt, und sie fand es toll. Katy ist wirklich eine Tänzerin, für sie muß nicht getanzt werden, sie ist selber eine Ballerina! (Obwohl sie darauf besteht, daß ich die Bänder von ihren Ballettschuhen abmachen soll!)

Und das Allerbeste war: Ich hielt ihr einen Wunschknochen hin, der seit Tagen in der Brotdose vor sich hintrocknete, und sagte: »Wünsch dir was, Katy!«

Sie dachte einen Moment nach, dann kicherte sie: »Mama, ich weiß nicht, was ich mir wünschen soll. Ich bin wunschlos glücklich!«

3.
Nicht mein Sohn!

Ich habe einmal geträumt, Aaron würde sterben. Alles, woran ich mich heute noch bei diesem Traum erinnere, sind riesige Felsen, ein kaputtes Fahrrad und Aaron, der in meinen Armen liegt, leblos, kalt und bleich. Und an die entsetzliche, riesengroße Trauer, die mich aufweckte. Ich keuchte vor Erleichterung, als ich merkte, daß es nur ein Traum war, ich in meinem Bett lag und das Surren des Rasenmähers des Nachbarn hörte. Als ich mit der Hand an meine Augen faßte, fühlte ich Tränen. Ich stand rasch auf und zog meinen Bademantel an. Ich mußte nach ihm sehen, sehen, daß er sich noch bewegte. Als ich die Tür zu seinem Zimmer öffnete, sah ich, daß es leer war. Ich rannte die Treppe hinunter und in die Küche. Dort saß der zehnjährige Aaron und aß Müsli, wobei er, wie gewöhnlich, mit offenem Mund kaute.

»Aaron!« Ich nahm ihn in die Arme und verbarg mein Gesicht an seinem Hals.

»Hä?«

»Ich habe geträumt, du wärst tot. Es war entsetzlich.«

»Hm. Tut mir leid.«

Ich weinte immer noch. »Aaron, komm, setz dich einen Moment zu mir.«

»Ich esse gerade.«

»Komm, setz dich zu mir, Aaron.« Ich ging zur Bank, und Aaron kam mir zögernd nach, ließ es zu, daß ich seinen Oberkörper über meinen Schoß zog und ihn wiegte wie in meinem

Traum. Ich berührte sein Gesicht. Es war warm. Ich legte meine Hand über seinen Mund und fühlte seinen Atem. Er lebte.

Ich empfand diesen Traum nicht als Warnung, ich habe nur seitdem sämtliche Zeitungsartikel über Fahrrad- und Motorradunfälle, die ich finden konnte, ausgeschnitten und auf Aarons Teller gelegt. Ich betrachtete den Traum als meine private Dramatisierung der Tatsache, wie lieb mir Aaron ist. Manchmal muß ich daran erinnert werden.

Aaron ist ein waghalsiger Draufgänger, er stellt jede Autorität in Frage, ist rauh und manchmal grob. Er sprang als erster von der höchsten Klippe in den Lake Powell und lachte sich halbtot über die anderen Feiglinge. Er spielte immer mit dem Feuer, trotz aller Drohungen und Lektionen, und er wurde von allen Jungen aus der Nachbarschaft bewundert, als er kleine Freudenfeuer anzündete mitten auf dem Wendehammer, an dem wir wohnen. Er war der erste von den Kindern, mit dem ich zum Notarzt mußte, weil er im Alter von drei Jahren ein Weidenkätzchen in seine Nase gesteckt hatte, weil sich das so interessant anfühlte. Er ist derjenige, der Emilys Sandwich mit Salz bestreut, auch wenn es nicht der erste April ist. Und er ist derjenige, um den es immer geht bei den wenigen Gelegenheiten, wenn die Schule anruft, um mir zu sagen, es gäbe Probleme mit einem meiner Kinder.

Zum Beispiel die Sache im fünften Schuljahr.

Ich kehrte gerade den Weg vor dem Haus, als Aaron auf seinem Fahrrad angefahren kam.

»Mama«, rief er schon, noch bevor er abbremste, »weißt du, was heute in der Schule passiert ist?«

»Was?« Diese Frage stellte ich Aaron jeden Tag, und sonst war die Antwort immer »Nichts.«. Es mußte also schon etwas Außergewöhnliches passiert sein.

»Unser Klassenzimmer ist verwüstet worden. Am Wochenende ist jemand in Mrs. Latimers Zimmer eingebrochen, hat Papiere und Bücher zerrissen, Pulte umgeschmissen und Tinte und Klebstoff ausgeschüttet. Überall liegt Zeug herum, und in Mrs. Latimers Pult steckt ein großes Messer!«

»Aaron, das ist ja schrecklich!« Ich stellte mir vor, wie Mrs. Latimer durch das Klassenzimmer ging, das sie so sorgfältig eingerichtet hatte, sich gegen den Türrahmen lehnte und sich verwirrt und traurig umsah. Allein die Vorstellung machte mich fertig. »Wer mag so etwas getan haben?«

»Ich weiß nicht.«

»Das macht mich richtig wütend! Mrs. Latimer ist so lieb. Wie kann jemand nur wagen, so etwas in ihrem Klassenzimmer anzurichten? Weiß man, wer das war?«

»Nö.« Aaron stellte sein Fahrrad ab und ging ins Haus. Ich kehrte weiter, mit der Energie, die vom Ärger gespeist wurde. Wenn ich das Kind erwischen würde, das so etwas getan hatte, ich würde es um den Block jagen!

Als ich am nächsten Tag in der Schule war und von Klassenzimmer zu Klassenzimmer ging, weil ich mithalf, die Wissenschaftsmesse zu beurteilen, traf ich Mrs. Latimer.

»Das mit Ihrem Klassenzimmer hat mir so leid getan«, sagte ich. »Kann ich Ihnen irgendwie helfen?«

»Danke«, antwortete sie und schüttelte den Kopf. »Mmh . . . hat der Direktor schon mit Ihnen geredet?«

»Mit mir? Nein. Warum?«

»Er glaubt . . . Aaron und Steve seien es gewesen.«

Eisiger Schrecken durchfuhr mich, und ich starrte sie ungläubig an. »Aaron? Und . . .?«

»Und Steve.« Sie sah mich mitfühlend an.

Ich schwieg, dann sagte ich: »Glauben Sie, daß Aaron . . .?« Ich brachte es nicht fertig, den Satz zu Ende zu sprechen.

»Ich wäre zumindest überrascht«, antwortete sie langsam. »Aaron ist ein schrecklicher Angeber, aber ich würde ihm keine Gemeinheit zutrauen. Ich . . . ich weiß nicht. Hier schwirren schon den ganzen Tag Polizisten herum und überprüfen alles. Mr. Roland denkt . . . Sie reden am besten selbst einmal mit ihm.«

Mit weichen Knien ging ich in sein Büro. »Ist Mr. Roland da?« fragte ich zögernd.

»Oh, hallo«, sagte die Sekretärin freundlich und sah von ihrem Schreibtisch auf. »Nein, er ist mit dem Polizeibeamten unterwegs. Er kommt erst morgen wieder.«

Wußte sie es schon? fragte ich mich. Würde sie so freundlich mit mir reden, wenn sie wüßte, daß der Direktor glaubte, mein Sohn hätte das Klassenzimmer verwüstet?

Ich lief zum Auto. Aaron würde in einer Stunde nach Hause kommen. Ich würde auf ihn warten, einfach nur auf ihn warten, und dann die ganze Sache aufklären. Aaron würde mich nicht anlügen. Er hatte mich auch nicht angelogen, als er die Bombe aus Zündholzköpfen und Schwarzpulver gebaut, sie auf einem Feld gezündet und sich dabei schlimm verletzt hatte. Er hatte es zwar getan, aber er hatte es auch zugegeben. Aaron würde mir die Wahrheit sagen.

Ich setzte mich in den Fernsehsessel und versuchte zu meditieren. »Shalom . . . shalom . . .« Mein Mantra versagte bei der Vorstellung des Messers, das aus Mrs. Latimers Pult herausragte und von der Hand eines Kindes dort hineingesteckt worden war. »Shalom . . . shalom . . . wessen Hand? . . . wessen Hand?«

»Mama?« Aarons Stimme gellte von der Haustür her. Er hatte sein Fahrrad achtlos auf den Weg geworfen, und ich hörte, wie er zwei Treppenstufen auf einmal nahm. Ich holte tief Luft und stellte den Fernsehsessel gerade.

»Mama?« Blaß und mit weit aufgerissenen Augen stürmte er ins Zimmer.

»Hallo, Aaron.« Ich versuchte so ruhig zu bleiben wie mein Mantra.

»Er glaubt, ich bin's gewesen«, schrie Aaron. »Mr. Roland denkt, ich hätte das Klassenzimmer verwüstet, ich und Steve!«

»Ich weiß. Ich war heute in der Schule. Setz dich, Aaron.«

Er setzte sich auf den Fußboden und lehnte sich an die graue Couch. Ich sah ihn an, und er erwiderte meinen Blick. »Aaron«, fragte ich ruhig, »warst du es?«

»Nein!« Aufgebracht kniete er sich hin, dann setzte er sich wieder und wischte sich mit dem Arm über die Augen. »Natürlich war ich es nicht!«

»Was ist heute passiert?«

»Gleich, nachdem die Schule angefangen hat, ist Mr. Roland hereingekommen und hat Steve aus der Klasse geholt. Ungefähr eine Stunde später ist er zurückgekommen und hat gesagt ›Aaron Pearson?‹ und hat mich aufgefordert, mitzukommen. Ich bin also mitgegangen, und er hat mir die Hand auf den Nacken gelegt und mich zu seinem Büro gebracht und gesagt: ›Du weißt, warum ich dich hole, oder?‹ Ich hatte keine Ahnung, wovon er sprach, und hab' gesagt: ›Nein‹. Und er sagte: ›Ach, komm schon, du weißt ganz genau, was los ist.‹ Und als wir in sein Büro kamen, waren da zwei Polizisten. Bruder King — du weißt schon, der Polizist, der in unsere Kirche geht — war einer von den beiden. Da konnte ich mir dann vorstellen, um was es ging, und ich hab' gedacht ›Oh, Scheiße, die glauben, du bist es gewesen!‹ Und dann haben sie mir was vorgelesen darüber, daß ich das Recht habe, nicht auszusagen ...« Aarons Stimme brach, und er holte tief Luft, um weitersprechen zu können. »... und ob ich einen Anwalt wollte. Und ich muß wohl die falsche Antwort gegeben haben, weil er sagte: ›Du willst also einen Anwalt haben?‹ Und ich sagte nein, und er sagte: ›Willst du unsere Fragen beantworten?‹ Und ich sagte ja. Dann hat er angefangen, mir alle möglichen Fragen darüber zu stellen, wo ich Freitagnacht war und mit wem ich unterwegs war.«

Freitagnacht. Natürlich war er da zu Hause. Und bei ihm

war . . . »Ich hab' ihnen also gesagt, daß ich mit Steve zusammen war. Er hat Freitagnacht bei mir geschlafen, und am nächsten Morgen sind wir zum Baseballspiel gegangen. Steve muß ihnen das Gleiche erzählt haben, eben, daß er Freitagnacht bei mir geschlafen hat.«

Das stimmte. Steve hatte bei uns geschlafen. Sie waren bis ungefähr zehn Uhr draußen gewesen, und dann waren sie hineingekommen.

»Du bist doch Freitagabend nicht mit Steve irgendwo hingegangen, oder, Aaron?«

»Nur bis zum Creek.«

»Und dann seid ihr ins Bett gegangen.«

»Ja.«

»Und ihr wart die ganze Nacht hier?«

Aaron verdrehte die Augen, dann sagte er in dem pseudogeduldigen Ton, den er wahrscheinlich seiner Mutter abgelauscht hat: »Ja, wir waren . . . die ganze Nacht . . . hier.«

»In Ordnung. Sie verdächtigen euch deshalb, weil Steve gesagt hat, daß ihr zusammen wart. Aber warum haben sie Steve als ersten geholt?«

»Ich weiß nicht. Da ist irgendwas mit seinen Schuhen. Mr. Roland hat gesagt, er hätte Steve und mich auf jeden Fall aus der ganzen Klasse herausgepickt, und als er dann herausfand, daß wir Freitagnacht zusammen waren . . .« Aaron trat seine Schulmappe quer durchs Zimmer.

Ich schwieg einen Augenblick. »Aaron? Warum hat der Direktor gesagt, daß er Steve und dich auf jeden Fall aus der ganzen Klasse herausgepickt hätte?«

»Weil er uns nicht leiden kann. Er hält uns für Unruhestifter.«

»Bist du das?«

»Das sind nur Kleinigkeiten. Keine großen Sachen. Er hat mich mal verwarnt, weil ich Fahrrad gefahren bin, wo es verboten ist. Aber eigentlich habe ich es nur geschoben, es sah nur so aus, als würde ich fahren, deshalb hat er mich verwarnt. Und beim Essen sind Steve und ich zweimal verwarnt worden, weil wir zu laut geredet haben, aber wir haben auch nicht lauter geredet als die anderen. Und Mr. Roland sagt, ich gebe Widerworte, aber sie wollen gar nicht hören, was man selbst zu sagen hat, sie wollen nur das hören, was sie selber sagen. Das ist alles Mist!«

»Aaron, es ist nicht leicht, Schuldirektor zu sein. Das ist genauso schwierig, wie Eltern zu sein. Niemand kann perfekt sein. Aber ich halte Mr. Roland eigentlich für einen guten Direktor, er tut viel für die Schule und die Kinder.«

»Er spinnt! Und er glaubt, ich bin's gewesen, und das hat er auch der Polizei gesagt.« Aarons Gesicht verzog sich vor Ärger.

»Das Problem ist, Aaron«, sagte ich, »du hast dir selbst den Ruf geschaffen, jemand zu sein, der die Grenzen überschreitet. Und wenn dann so etwas passiert, fällt den anderen automatisch dein Name ein. Tut mir leid.«

»Das ist alles ganz schön bescheuert. Es macht mich richtig wahnsinnig!«

Am nächsten Morgen ging ich zur Schule, direkt in das Büro des Direktors.

»Guten Morgen.« War die Stimme der Sekretärin weniger freundlich als gestern? Wußte sie es schon? Wußten es alle Lehrer? Wußten es die Hälfte der Schüler und deren Eltern, daß Aaron Pearson unter dem Verdacht des Vandalismus stand?

Ich setzte mich an Mr. Rolands Schreibtisch ihm gegenüber. Er gab sich Mühe, die freundliche, lockere Art an den Tag zu legen, für die er bekannt war. Aber er war keineswegs so freundlich und locker, wie ich ihn in Erinnerung hatte. Zu Beginn des Jahres hatte ich hier mit meinen vier Kindern gesessen, und wir hatten ihm das Schullied vorgesungen, das zu schreiben ich gebeten worden war. Das Lied war hübsch, und die Kinder waren reizend, und alle waren beeindruckt gewesen. An diesem Tag hatte er mich angesehen und ein respektables, hilfsbereites und mitarbeitendes Mitglied der Schulmannschaft vor sich gesehen.

Aber heute? Ich konnte es förmlich spüren. Heute sah er mich als alleinerziehende Mutter eines straffällig gewordenen Sohnes. Die Pearsons waren keine reizende Familie mehr, sondern ein zerrüttetes Zuhause. Und Aaron, das Produkt dieser zerrütteten Verhältnisse, war ein Vandale.

Auch Steve kam aus einer Familie mit nur einem Elternteil. Natürlich. Natürlich sind zwei Jungen ohne Vater mit überarbeiteten Müttern, die ihre Kinder nicht unter Kontrolle haben, diejenigen, die am schnellsten verdächtigt werden. Haben Sie etwas anderes angenommen?

»Die Polizei ist der Sache auf der Spur«, sagte Mr. Roland, lehnte sich in seinem Stuhl zurück und sah mich gleichmütig an.

»Wie meinen Sie das?«

»Sie haben Fußabdrücke gesichert. Es waren zwei Paar Schuhe, das eine größer als das andere. Tennisschuhe, wie die meisten Kinder sie tragen. Der größere Schuh hatte ein Muster auf der Sohne, das genauso aussieht wie das von Steves Schuhen. Auch die gleiche Größe. Die Polizei hat Steves Schuhe heute früh beschlagnahmt. Seine Mutter mußte ihm ein anderes Paar Schuhe herbringen. Der Abdruck von dem kleineren Schuh ist nicht ganz so deutlich. Aber daß es Steves Schuhe waren, steht so gut wie fest. Und wenn Steve und Aaron Freitagabend zusammen waren . . .« Er wollte nicht aussprechen, und ich wollte es nicht hören.

»Aaron hat mir gesagt, daß er damit nichts zu tun hat«, sagte ich langsam. »Aaron hat mich noch nie angelogen.«

Mr. Roland zuckte mit den Schultern. »Tut mir leid. Vielleicht möchten Sie mit dem Polizeibeamten Kontakt aufnehmen, der mit dem Fall befaßt ist. Ich glaube, Sie kennen ihn. Officer King.«

»Ja, ich kenne ihn.«

Officer King war an diesem Tag nicht mehr zu erreichen, aber am nächsten Morgen hatte er um zehn Uhr Zeit für mich. Ich versuchte zu schreiben, legte fünf leere, weiße Blätter neben die Schreibmaschine, um mich zu inspirieren, aber es funktionierte nicht.

Mein Kopf führte an diesem Tag ein Eigenleben. War es möglich, war es auch nur im entferntesten möglich? Mütter, die in einer Bank oder in einem Lebensmittelladen arbeiten, können weiterarbeiten, wenn ihre Kinder in Schwierigkeiten stecken. Die Arbeit ist ganz konkret, und sie muß eben gemacht werden. Mütter, die zu Hause sind und zu schreiben versuchen, können das nicht. Wenn ihre Kinder Probleme haben, bleiben die Seiten leer. Ich stand auf und putzte alle drei Badezimmer. Wenigstens Badezimmer kann eine Mutter dann noch saubermachen.

Aaron kam genauso fröhlich wie immer aus der Schule und ging in die Küche, um sich ein Brot mit Erdnußbutter zu machen. »Mama? Ich gehe bis zum Abendessen zu Lee, ja?«

»Gleich, Aaron. Was ist mit Steves Schuhen?«

»Was soll mit ihnen sein?«

»Die Polizei hat sie beschlagnahmt. Sie haben genau das gleiche Muster auf der Sohle wie die Abdrücke in Mrs. Latimers Klassenzimmer. Und sie haben die gleiche Größe.«

»So? Das haben wahrscheinlich Hunderte von Schuhen. Steve war's nicht. Er war bei mir.«

»Wie sehen die Sohlen von deinen Schuhen aus?« Ich versuchte, meine Stimme neugierig und nicht argwöhnisch klingen zu lassen.

»Ich weiß nicht.« Aaron hob einen Fuß hoch und sah unter

seinen Schuh. Ich prägte mir rasch das kleine Waffelmuster auf der Sohle ein.

»Mr. Roland sagt, die Polizei glaubt, daß Steves Schuhe ein Indiz sind.«

»Das ist ihr Problem.« Und damit war Aaron mit seinem Brot durch die Tür.

Ich ging in Aarons Zimmer und machte die Tür hinter mir zu, damit mich die anderen Kinder nicht sahen. Außer Aarons Sonntagsschuhen stand nur noch ein Paar Schuhe im Schrank, abgetragene Schuhe, die er meistens am Creek trug, und das Muster auf der Sohle bestand aus lauter Xs und Os. Wie um Himmelswillen kam ich darauf, hier bei Aarons anderen Schuhen nachzusehen? Vertraute ich meinem Sohn nicht? Mein Blick glitt über die halboffenen Kommoden, den Schreibtisch, auf dem die Schätze eines Zwölfjährigen aufgetürmt waren, und die schmutzige Wäsche in und neben dem Wäschekorb. Gehörte dieses Zimmer jemandem, den ich nicht kannte, jemandem, der mir ins Gesicht lügen konnte, jemandem, der sich mitten in der Nacht aus dem Haus schlich und ein Messer in Mrs. Latimers Pult rammte? Natürlich nicht. Aaron war manchmal außer Rand und Band, aber er war nicht gemein. Er hatte ganz erstaunt auf die Krücken geblickt, die am Gitter vor dem Haus in New York City angekettet waren wie Fahrräder. Leute, die Krücken stahlen? Nein, Aaron war nicht gemein.

Aber kennen wir den anderen jemals wirklich, selbst wenn es unser eigenes Kind ist? Warum waren Familie und Nachbarn oft völlig überrascht, wenn irgendein junger Mensch eines schrecklichen Verbrechens überführt wurde? »Er war so ein netter Junge. Ich hätte mir nie träumen lassen, daß er so etwas tun könnte.« Eine Parade von Kriminellen zog durch meinen Kopf, und eine Parade ihrer Mütter, Frauen, die den Kopf nicht mehr oben tragen konnten, Frauen, die den Rest ihres Lebens mit dem Bewußtsein leben mußten, daß ihr Kind etwas

Entsetzliches getan hatte. Wie konnten sie es nur ertragen? Würde ich es ertragen können?

Ich nahm Aarons Baseballhandschuh in die Hand, berührte sein Pfadfindertuch, blickte auf die Muschelkette, das Stück buntes Glas, die Schraubenzieher und sein anderes Werkzeug, das Spielzeugpferd mit Reiter, die Poster von Boston und Van Halen und die Postkarte von Garfield, auf der stand »Hallo von der Funny Farm«. War dies das Zimmer eines Kriminellen? Natürlich nicht. Aber jedes Kind, das irgend etwas Falsches tut, ist zugleich auch nur ein Kind mit seinem Spielzeug in seinem Zimmer und einer Mutter, die ihn liebt. Wir mußten alles tun, um diese Sache aus der Welt zu schaffen.

Als ich aus Aarons Zimmer kam, begegnete mir Emily. »Hallo, Mama! Was machst du?«

Ich setzte mich in den Flur und sah ihr zu, wie sie ihre Jacke auszog und ihre Schultasche wegstellte. »Emily? Hältst du es für möglich, daß Aaron an dieser Verwüstung in der Schule beteiligt war?«

»Nö.« Sie mußte nicht einmal überlegen. »Aaron kann zwar manchmal ganz schön blöd sein. Aber so blöd auch wieder nicht.«

Mütter können auch nicht schlafen, wenn ihre Kinder in Schwierigkeiten sind. Zumindest für längere Zeit nicht und wenn, dann nur sehr schlecht. Wenn es dunkel ist und man müde ist, und besonders, wenn man niemanden hat, mit dem man seine Sorgen teilen kann, entstehen die schrecklichsten Vorstellungen. Natürlich hatte Aaron es nicht getan. Warum konnte ich es nicht einfach vergessen? Aaron würde so etwas nie tun. Außerdem benahm er sich gar nicht schuldbewußt. Mich konnte er schließlich nicht täuschen. Ich hatte eine Schauspielprüfung abgelegt und wußte, daß er kein guter Schauspieler war. Und er hatte nie etwas abgeleugnet, auch nicht die dümmsten Sachen, die er gemacht hatte.

Im dritten Schuljahr war er einmal von der Schule nach Hause gekommen, hatte mir einen Kuß gegeben, und ich war von seinem Gestank nach Tabak fast in Ohnmacht gefallen.

»Aaron! Was hast du mit den Zigaretten angestellt?«

»Oh«, antwortete er naiv. »Wie hast du das denn gemerkt? Auf dem Nachhauseweg war ich noch kurz bei Gary, und im Aschenbecher haben ein paar Zigarettenkippen gelegen. Und da haben wir Rauchen gespielt.«

»Habt ihr sie angezündet?«

»Nein, wir haben bloß auf den Kippen herumgekaut.«

»Aaron! Das ist ja ekelhaft! Willst du das etwa noch mal tun?«

»Nein, es war fies.«

»Also, dann tu so was bitte nie wieder. Du riechst furchtbar. Geh dir die Zähne putzen.«

Und erst letzten Monat noch war seine ganze Pfadfindertruppe in Schwierigkeiten gekommen, weil sie eine Sechserpackung Bier im Zelt hatten. Als ich ihn zur Rede stellte, gab er zu, auch einen Schluck getrunken zu haben.

»Tut mir leid, Mama«, sagte er. »Die älteren Jungen haben es mitgebracht, und ich hab' schon daran gedacht, was du mir gesagt hast, aber irgendwie passierte das dann. Ich hätte wissen müssen, daß ich besser abgehauen wäre, um aus der Sache rauszukommen. Und ich hab' die ganze Zeit krampfhaft überlegt, wie ich es am besten anstellen soll. Aber es war schon dunkel, und dann dürfen wir nicht mehr aus dem Zelt, und deshalb konnte ich nicht weg. Ich hab' lange in der Ecke gesessen, und dann kam ich mir so blöd vor, weil die anderen Bemerkungen gemacht haben. Und deshalb habe ich auch was getrunken, aber nur einen Schluck, und es hat nicht mal gut geschmeckt.«

Oh, Aaron! Aber er hatte nicht gelogen.

Während ich zur Polizeiwache fuhr, überlegte ich, ob ich »Officer King« sagen sollte oder »Bruder King«, wie in der Kirche. Und würde er mich mit »Schwester« anreden? Warum mußte von allen Polizeibeamten, die bei uns im Bezirk Dienst taten, ausgerechnet jemand, den wir kannten, mit dem Fall befaßt sein? Warum konnte das Ganze nicht anonym über die Bühne gehen? Und wer würde es mittlerweile noch alles wissen? Noch bevor ich diesen Gedanken zu Ende gedacht hatte, schämte ich mich dafür. Er hatte niemandem etwas davon gesagt. Natürlich nicht. Er hatte es wahrscheinlich noch nicht einmal seiner Frau erzählt.

Die Treppe zur Polizeiwache hinaufzugehen war ein surrealistisches Gefühl. Ich gehörte hier gar nicht hin. Ich war noch nie in meinem Leben in einer Polizeiwache gewesen, außer um ein Fahrrad als gestohlen zu melden. Andere Mütter mußten auf die Wache, traurige Mütter aus den Ghettos mit schlimmen Kindern. Aber ich doch nicht.

»Setzen Sie sich, Schwester Pearson.« Bruder King lächelte, seine klaren blauen Augen blickten mich freundlich, nicht anklagend an. Dann wies er auf eine Kleenex-Schachtel, die auf dem Tisch stand. »Manchmal brauchen die Leute das.« Kleenex-Schachteln hatte ich sonst nur in Beerdigungsinstituten gesehen.

»Das ist eine ganz neue Erfahrung für mich«, sagte ich. »Was für ein Durcheinander! Der Schuldirektor hat mir von den Schuhen erzählt, aber ich wollte alles direkt von Ihnen hören. Was glauben Sie?«

»Über den Täter? Tja . . .« Er holte ein Blatt Papier mit einem Schuhabdruck aus einer Schublade. »Das ist der erste Fußabdruck, der, der zu dem Schuh paßt, den wir in Verwahrung genommen haben, Steves Schuhe mit diesen schlangenähnlichen Linien von der Ferse zur Schuhspitze. Und das andere Paar . . .« Er griff erneut in die Schublade. »Der andere Schuh war kleiner, mit einem Waffelmuster.«

Mein Herz schlug heftig, und ich hielt den Atem an, während er das zweite Blatt Papier aus der Schublade zog, ein Schuhabdruck mit Waffelmuster — große, sehr große Waffeln. »Das sind nicht Aarons Schuhe«, sagte ich.

»Aarons? Nein, die sind es nicht. Ich habe mir Aarons Schuhsohlen angeguckt, als wir im Büro des Direktors waren.«

»Seine alten Schuhe sind auch anders.«

»Ich habe keinen Grund, Aaron zu verdächtigen. Als ich ihn am ersten Tag verhört habe, hatte ich nicht das Gefühl, daß er etwas vor mir verbirgt. Man eignet sich ziemlich schnell eine gewisse Menschenkenntnis an als Polizeibeamter. Ich habe auch nicht angenommen, daß Steve gelogen hat, allerdings sind diese Schuhe ein Problem — gleiches Muster, gleiche Größe. Ich weiß, ehrlich gesagt, nicht, was ich damit anfangen soll. Und da die beiden Jungen in der fraglichen Nacht zusammen waren . . . Es war eben eine unglückliche Verkettung der Umstände. Aber ich bin ganz sicher, daß Aaron nichts damit zu tun hat.«

»Ich auch«, sagte ich und griff nach den Kleenex.

In der folgenden Woche stürmte Aaron zur Tür hinein, übers ganze Gesicht grinsend. »Mama? Gute Nachrichen! Letzte Nacht haben sie die Christian Academy verwüstet!«

»Oh? Na, das sind gute Nachrichten! Ich habe gehofft, daß so etwas in der Art passiert!«

»Nein, Mama. Sie haben die gleichen Fußabdrücke gefunden, der eine, der zu Steves Schuhen paßt, nur daß sie wissen, daß Steve es dieses Mal nicht gewesen sein kann, weil seine Schuhe immer noch auf der Polizeiwache sind! Also kann der liebe Mr. Roland Steve und mich nicht länger beschuldigen! Toll, was?«

Das war der Zwischenfall in der fünften Klasse. Das heißt, es gab noch ein kleines Nachspiel. Im Monat darauf rief mich die

Schulsekretärin an und sagte mir, jemand habe ein schlimmes Wort auf die Bürotür des Direktors geritzt, und sie glaubten, es sei Aaron, und ich fragte Aaron, ob er es gewesen sei, und er sah mir in die Augen und nickte. Ich weinte ein paar Minuten lang, und er sagte, es täte ihm leid, und dann hörte er sich meine Strafpredigt an, wobei ich ihm klarzumachen versuchte, daß er sich von jemandem, der annahm, er sei ein Vandale, auch noch in diese Rolle drängen ließe. Er sagte noch einmal, es täte ihm leid, und dann versprach er mir, dies sei die letzte Ungezogenheit gewesen, die er je in seinem Leben begangen hätte.

Seit dem fünften Schuljahr hat sich Aarons Charakter beachtlich verbessert, und ich habe das Gefühl, seine wüste Vergangenheit liegt hinter ihm. Er hat nur gute Noten in der Schule. Kürzlich hat er in der Kirche ein hervorragendes klassisches Gitarrensolo von Bach gespielt. In *Mame,* dem Schulmusical, hat er im letzten Frühjahr die Hauptrolle gespielt. Und bei den Pfadfindern strengt er sich sehr an, ein Eagle zu werden. Ich habe erfahren, daß er und sein Freund einem Mädchen Blumen gebracht haben, von der sie wußten, daß ihr Freund mit ihr Schluß gemacht hat. Er hat freiwillig mit Johns Kirchengruppe in einer Suppenküche in San Francisco gearbeitet, weil einige Jungen aus der Gruppe nicht mitmachen konnten. Mittlerweile ist er auf der High School, und bisher hat die Schule noch keinmal angerufen, um mir mitzuteilen, daß er irgend etwas angestellt hat. Bald habe ich wohl berechtigten Grund zu der Hoffnung, daß Aaron als Erwachsener einmal zu den Honoratioren seiner Heimatstadt gehören wird.

Natürlich gibt es immer noch Rückschläge. Ich habe es nicht sehr gut aufgenommen, als ich vor ein paar Monaten erfahren habe, daß Aaron und Mike Abführmittel in die Kuchen getan haben, die sie zur Sonntagsschule mitgenommen haben. Einige

Leute haben in der Nacht danach Durchfall bekommen. Das habe ich überhaupt nicht gut aufgenommen. Und als ich erfuhr, daß der Bischof Aaron um seinen Besuch gebeten hat — dabei war es noch gar nicht an der Zeit für das halbjährliche Gespräch — war ich sogar tief bekümmert.

»Wie war's?« fragte ich ihn, als er zurückkam.

»Mach dir keine Sorgen, Mama. Der Bischof hat mir erzählt, daß er auch mal Abführmittel in Kuchen getan hat, nur war er damals schon auf dem Priesterseminar, und er hat einen Verweis gekriegt. Er hat gesagt, ich soll aufpassen. Nacht, Mama. Ich hab' dich lieb.«

4.
Das Wort mit »L«

Wie kommt es, daß ich mich noch neunzehn Jahre später so genau an den Tag und die Zeit, ja sogar an meine Kleidung und den Platz, wo ich gesessen habe, erinnern kann? Es war kein einschneidendes Erlebnis wie zum Beispiel die Ermordung von Präsident Kennedy, von der mir ein kanadischer Hockeyspieler, der sehr groß war und ein Sportjackett und eine rote Krawatte trug, in einem Aufzug in Moskau erzählte. Nein, es war etwas absurd Normales. Warum kann ich mich dann so lebhaft daran erinnern?

Marda und ich lagen mit unseren Erstgeborenen auf meinem großen Wasserbett. Wir waren nicht besonders eng befreundet, aber wir kannten uns von der Kirche und hatten vor allem gemeinsam, daß wir frischgebackene Mütter waren. Sie hatte einen Spaziergang in der kühlen Novemberluft gemacht und war überraschend zu Besuch gekommen. Emily war damals ungefähr fünf Monate alt gewesen. Sie lag neben mir auf dem Bett in einem grünen Wollstrampelanzug mit gelb umrandeten Blumen. Kristen, ungefähr vier Monate alt, lag zufrieden in ihrer Babywippe und lutschte an einer Rassel. Unser Gespräch drehte sich um die Dinge, die frischgebackene Mütter meistens bewegen, Durchschlafen in der Nacht und Stillen. Plötzlich lächelte Marda, griff nach ihrem Baby und rief: »Oh, Kristen, ich liebe dich! Ich liebe dich, ich liebe dich!«

Ein Schwall widersprüchlicher Gefühle überflutete mich. Zuerst eine Welle peinlichen Empfindens. Wie überschwenglich! Wie konnte sie nur vor jemand anderem so emotional reagieren! Dann folgte rasch eine weitere Welle. Neid. Neid! Wie mochte man sich fühlen, wenn man so ungezwungen und warmherzig, ja sogar überschwenglich reagieren konnte? Wie mochte man sich dann fühlen?

Als Marda mit ihrer Tochter gegangen war, setzte ich mich ins Vorderzimmer unseres kleinen Studentenappartements und starrte aus dem Fenster. Emily lag an meiner Brust, und ein seltsames Gefühl schnürte mir die Kehle zu. Ich war keine gute Mutter. Ich würde nie eine gute Mutter sein. Emily war jetzt fünf Monate alt, und ich hatte ihr noch nie gesagt, daß ich sie liebte.

Ich hatte eigentlich noch nie zu jemandem »Ich liebe dich« gesagt. Das Wort »Liebe« schien mir genauso schwer über die Lippen zu kommen wie irgendwelche Schimpfwörter, die auszusprechen mir als Kind verboten gewesen war. Sicher, ich hatte zu Gerald, meinem Mann, gesagt, daß ich ihn liebte. Ich hatte es aufrichtig gesagt, und ich hatte es so gemeint, aber ich hatte es niemals einfach so, aus emotionalem Überschwang, gesagt. Wenn die Worte kamen, kamen sie, wie alles in meinem Leben, aus meiner linken, nicht aus meiner rechten Gehirnhälfte; sie kamen als Ausdruck einer Tatsache.

Es war nicht meine Schuld, überlegte ich, sofern man hier von Schuld sprechen konnte. Ich hatte es nie gelernt, Gefühle zu zeigen. Die Menschen sind das Produkt ihrer Erziehung. Ich war in einer behüteten, aber emotional sterilen Atmosphäre aufgewachsen, und nun war ich verkrüppelt, wie die chinesischen Frauen, deren winzige Füße das Ergebnis ständigen Einbindens waren.

Meine Mutter und mein Vater hatten sich sehr bemüht, ein gutes Familienleben zu führen. Sie hatten spät geheiratet, und meine Mutter war schon neununddreißig, als sie die ersten Kinder bekamen: Zwillinge. Drei weitere Kinder folgten. Waren sie schon zu alt, um an der Ehe und am Elternsein Spaß zu haben? Oder waren sie von Natur aus so nüchtern? Sie waren vorausplanend und gaben uns alles, soweit ihre Mittel und ihr Intellekt es erlaubten. Aber manche Dinge kann man eben nicht planen, sie entstehen eben nur aus spontanem Gefühlsüberschwang. Ich weiß, daß meine Eltern mich liebten. Aber ich habe es nie gefühlt. Und ich habe es sie nie sagen gehört. Wenn meine Mutter je überschwenglich zu mir gesagt haben sollte »Oh, Carol Lynn, ich liebe dich, ich liebe dich, ich liebe dich!«, so muß ich noch zu klein gewesen sein, um mich daran zu erinnern. Und ich kann mich auch nicht erinnern, daß meine Eltern das jemals zueinander gesagt haben. Na ja, vielleicht haben sie es nur nicht in unserer Anwesenheit gesagt.

Aber was ist das für eine Entschuldigung? Müssen die Sünden der Väter sich überhaupt auf die Kinder übertragen? Mußte dieses süße kleine Wesen an meiner Brust emotional unterernährt aufwachsen, nur weil es mir so ergangen war? Für mich war das Leben immer eine ernsthafte Angelegenheit gewesen. Nirgends gab es fröhlichen, spontanen Überschwang, weder innen noch außen, und als ich ein solches Verhalten später bei anderen Leuten beobachtete, muß ich sie angestarrt haben wie ein Tourist die Niagara-Fälle. Wenn mich in meiner Jugend eine Freundin oder auch jemand ganz Fremdes fragte, warum ich so traurig aussähe, war ich immer vollständig verblüfft. Ich fühlte mich nicht traurig, ich fühlte mich ganz normal. Und doch habe ich deswegen das Jahrbuch-Foto zerrissen. Ich war damals in der achten Klasse. Direkt nach dem Jahrbuch-Unterricht hatte ich Kunstunterricht, und als ich mich setzte, fiel mir auf, daß ein Foto unbemerkt auf den Fußboden gefallen war. Ich hob es auf. Es war mein Foto — ein kleines Mädchen in einer gepunkteten Bluse, das so traurig aussah, so traurig, daß ich es kaum ertragen konnte. Ihre Haare waren lustig, sie hatte Sommersprossen, aber ihre Augen waren ganz traurig! War das wirklich ich? Dieses Mädchen gehörte nicht in ein Jahrbuch. Ich blickte mich um, um sicherzugehen, daß niemand mich sah, und dann steckte ich das Bild in die Tasche. Abends zu Hause zerriß ich es, und in diesem Jahr gab es kein Foto von mir im Jahrbuch.

Das Leben war nicht ständig schrecklich. Ich bekam gute Noten. Ich gewann Wettbewerbe im Reden und Schreiben. Ich spielte bei allen Aufführungen mit. Ich war recht witzig und brachte andere zum Lachen. Witzig — aber nicht warmherzig. Meine Leidenschaft fand ihren Ausdruck in den Aufführungen und beim Schreiben, auch in dem heftigen Wunsch zu reisen und etwas aus mir zu machen, aber im Grunde stand ich immer ein wenig abseits von der erregenden Arena des wirklichen Lebens und menschlicher Beziehungen.

Man hatte mir gesagt, ich würde für hochnäsig gehalten, und das tat weh. Ich kam mir nicht arrogant vor, ich fühlte mich nur unzulänglich. Wie ich die Leute beneidete, die einfach so drauf los plapperten, die überflossen, die aussahen, als ob sie sich selbst und jeden anderen liebten. Ich stellte mir vor, wie sie so geworden waren, aber ich konnte es nicht erklären oder nachahmen.

Und nun kam ich mir mit meinem Baby an der Brust sehr, sehr unzulänglich vor. Emily verdiente etwas Besseres als mich. Sie verdiente eine Mutter, die sie mit Liebe überschüttete, die sie Tag und Nacht wärmen konnte, die diesen Satz zu ihr sagen konnte, ohne überhaupt darüber nachdenken zu müssen. Emily war fertig mit Trinken und lag in meinem Arm wie ein kleiner Säufer, mit geschlossenen Augen, ihrem kleinen, rosa Mund, der offenstand, und einem Tropfen Milch am Kinn. Ich hob sie hoch und küßte sie auf die Stirn. Ich hatte sie schon oft geküßt, sie zärtlich berührt und gestreichelt. Das zählte doch, oder? Ich hatte Ashley Montagues Buch über die Bedeutung von Körperkontakt gelesen. Ich hatte mit Emily geredet und ihr Gedichte vorgelesen, schon, als sie noch in meinem Bauch war, und später auch. War es also so wichtig, daß ich ihr nie gesagt hatte, daß ich sie liebte? Emily mußte das akzeptieren, was sie hatte, und das war ich. Ich konnte nur so sein, wie ich war.

Aber dann fiel mir ein, daß Emily ja gar nicht wußte, wie ich war. Sie wußte nicht, daß ich nicht warmherzig und emotional aufgeschlossen war. Niemand hatte ihr je gesagt, ich sei arrogant. Sie wußte nichts von meiner Unsicherheit und Unzulänglichkeit, und sie wußte auch nicht, daß ich im achten Schuljahr mein Jahrbuch-Foto zerrissen hatte. Ich brauchte für sie nicht so zu sein. Vielleicht hatte es doch nichts mit den eingebundenen Füßen der chinesischen Frauen zu tun. Vielleicht konnte ich ja ganz neu anfangen!

»Emily? Hey, wach auf, meine kleine Süße!« Ich sagte das als Kosewort. Ich hatte in meinem ganzen Leben noch nie jemanden mit »Liebling« oder »Schatz« angeredet, auch nicht Gerald. Ich nannte ihn »Junge« oder »Lieber«, und er wußte, daß es »Liebling« bedeutete. Aber »Liebling« war ein Wort, das ich nicht aussprechen konnte. Es war zu direkt. Konnte ich es zu Emily sagen? Ich war ganz allein mit ihr. Sie würde nicht darüber lachen. »Lieb . . .« Es klang nicht richtig. »Schatz.« Das klang nicht schlecht. Es klang irgendwie hübsch. »Schatz, Emily, Schatz.« Ich küßte ihre Stirn, ihre Wangen, ihre geschlossenen Augen und ihren kleinen rosa Mund. »Wußtest du, daß ich dich liebe, Emily? Ich liebe dich, Emily. Schatz, ich liebe dich.«

Wie durch ein Wunder wuchs Emily zu einem Kind heran, das diesen Satz immer sagen konnte. Kaum hatte sie gelernt, »Ich liebe dich« zu sagen, machte sie sie zu ihren Worten. Und sie gab sie unermüdlich weiter, warf sie in die Luft wie buntes Konfetti oder Reis bei einer Trauung. Diese Gabe hatte sie von ihrem Vater, der sich zu Warmherzigkeit und Überschwang nicht zwingen mußte.

Als Emily ungefähr sechs war, hatte sie ein bestimmtes Verhaltensmuster entwickelt. Wenn das Schlafenszeit-Ritual vollzogen war, sagte sie zu jedem von uns »Gute Nacht, ich hab' dich lieb«. Und wir antworteten natürlich »Gute Nacht, Emily, ich hab' dich auch lieb«. Wenn sie dann noch einmal aufstehen mußte, um noch einen Schluck Wasser zu trinken, zur Toilette zu gehen oder um uns irgend etwas mitzuteilen, das sie vergessen hatte, begann das Ritual noch einmal von vorne.

»Gute Nacht, Papa. Ich hab' dich lieb.«

»Gute Nacht, Em. Ich dich auch.«

»Gute Nacht, Mami. Ich hab' dich lieb.«

»Ich hab' dich auch lieb. Gute Nacht, Emily.«

Das Ganze mußte manchmal ein paar Mal wiederholt werden, bis sie endgültig eingeschlafen war. Und wenn aus irgendeinem Grund einer von uns nur »Gute Nacht« sagte, ohne das »Ich hab' dich lieb« anzufügen, wiederholte Emily ihren Satz mit Betonung, bis wir richtig antworteten. Erst dann war sie zufrieden.

Eines Abends putzten Gerald und ich zusammen die Küche. Das Ritual war schon dreimal wiederholt worden. Plötzlich hörte Gerald auf, die Bratpfanne zu schrubben, drehte sich zu mir und sagte: »Was ist das bloß mit Emily? Sie zwingt uns, mindestens ein halbes Dutzend Mal am Abend zu sagen »Ich hab' dich lieb«. Manchmal komme ich mir dabei nicht geliebt, sondern manipuliert vor.«

Ich lachte. »Ich glaube, das ist ihr Schmusetuch oder ihr Teddybär. Sie kann eben sonst nicht einschlafen.«

Am nächsten Abend testete Gerald sie. Er wünschte ihr mit viel Liebe, gezeigt und ausgesprochen, »Gute Nacht« und brachte sie dann ins Bett. Als er eine halbe Stunde später an ihrer offenen Tür vorbeikam, rief sie: »Papa? Gehst du jetzt ins Bett?«

»Gleich.«

»Nacht, Papa. Ich hab' dich lieb.«

»Nacht, Emily.« Er ging weiter den Flur entlang in unser Schlafzimmer.

»Ich hab' dich lieb, Papa«, rief Emily.

»Gute Nacht, mein Schatz.«

Kurz darauf hörten wir Emily auf bloßen Füßen den Flur entlangtappen. Sie kam in unser Schlafzimmer in ihrem Schlafanzug mit den kleinen Schmetterlingen. »Gute Nacht, Papa. Ich hab' dich lieb.«

Gerald lächelte und breitete die Arme aus. »Emily, Emily, Emily. Was soll das? Ich habe dir heute abend schon gesagt, daß ich dich liebhabe. Warum willst du alle dazu bringen, daß sie es dir immer und immer wieder sagen? Manchmal komme ich mir vor wie ein Gummiball, mit dem du spielst.«

Emilys Unterlippe begann zu zittern. »Ich muß aber.«

»Warum?«

»Wir haben letztes Jahr im Kindergarten einen Film über Brandschutz gesehen, und da ist ein Haus abgebrannt, und die ganze Familie ist getötet worden.«

»Ich erinnere mich. Das hat dich ganz schön mitgenommen.«

»Und ich hab' gedacht, wenn unser Haus in der Nacht abbrennt, und wir sterben alle, dann will ich wenigstens als letztes zu jedem gesagt haben, daß ich ihn liebe, und ich will auch, daß das letzte, was jeder zu mir gesagt hat, ist, daß er mich liebhat.«

»Oh.«

»Und ich kann nicht einschlafen, wenn wir das nicht gesagt haben.«

»Hmmm. Na ja, wenn das so ist, Emily . . . Gute Nacht, ich hab' dich lieb.« Er küßte sie, und Emily lächelte.

»Gute Nacht, Papa. Ich hab' dich auch lieb.«

Durch die ständige Übung ist es leicht geworden, diesen Satz auszusprechen, so wie man eine Fremdsprache lernt. Es war nicht so schlimm, wie einen eingebundenen Fuß wieder aufzubinden. Eine solche Entwicklung war möglich, und ich beobachtete es bei mir, der Schülerin von Emily und Gerald, mit genauso viel Entzücken, wie ich die Knospen an den Rosenbüschen im Frühling beobachtete. Schließlich war ich in der Lage, darüber mit meinen Geschwistern zu reden, und wir sind dann noch als Erwachsene gute Freunde geworden. Wir haben jeder für sie einen Weg gefunden, damit umzugehen, Spätzünder, die wir waren. Aber leicht war es nicht, und wir haben es auch nicht ganz geschafft, jeder von uns hat Narben aus seiner Kindheit davongetragen. Manchmal beobachteten meine Geschwister und ich, wie meine Kinder miteinander umgingen, und wir beneideten sie und lernten von ihnen. Ich habe meine Schwester Marie und ihre Tochter Cherene zusammen beobachtet, und ich wünschte, zwischen unseren Eltern und uns hätte es eine solche Wärme gegeben. Heute sagen wir alle fünf zueinander »Ich hab' dich lieb«, etwas verspätet zwar und nicht mit der gleichen Selbstverständlichkeit wie meine Kinder, aber wir sagen es immerhin.

Selbst mein Vater lernte im Alter noch etwas dazu. Ihn zu einer emotionalen Reaktion zu bringen war fast genauso unmöglich, wie schlechtes Wetter für die Parade am vierten Juli zu erhoffen. Ein- oder zweimal sah ich ihn richtig ärgerlich werden, wie zum Beispiel an dem Sonntag, als jemand unsere Einfahrt zugeparkt hatte; ich glaube, so ärgerlich habe ich ihn nie wieder gesehen. Man fand bei ihm auch Anerkennung, wenn sie angebracht war. Aber kein Gefühl. Einmal fand ich ein paar Liebesgedichte, die er meiner Mutter geschrieben hatte, als er ihr den Hof machte, und ich war total erstaunt. Sie waren so voller Gefühl, wie man es sich überhaupt nur vorstellen kann. Warum ließ er das im täglichen Leben nicht heraus? Warum kann ich mich nur an ein paar flüchtige Begrüßungen und Verabschiedungen bei ihnen erinnern, an nichts Spielerisches oder Warmherziges? Warum habe ich meinen Vater nur einmal mit dem Arm um meine Mutter auf der Couch sitzen sehen, und das genau an dem Tag, an dem sie kurz vor Weihnachten aus dem Krankenhaus entlassen worden war, um noch ein bißchen zu Hause sein zu können, bevor sie starb? Ich würde mich nur zu gern an Liebe, Vergnügen und Warmherzigkeit erinnern — ich weiß, mein Leben wäre dann anders verlaufen.

Als ich feststellte, daß ich erwachsen genug war, um die Beziehung zu meinem Vater selbst in die Hand zu nehmen, versuchte ich, die drei Wörter zu ihm zu sagen. Zuerst auf dem Papier. Ich hielt mich ein Jahr lang im Ausland auf und schrieb ihm regelmäßig. Es ist nicht schwer, einen Brief mit »In Liebe« zu unterschreiben. Das bedeutet nicht besonders viel. Aber als ich eines Tages einen ganzen Tag lang am Ufer des Sees von Galilea verbrachte, faßte ich zahlreiche Vorsätze, darunter auch den, eine bessere Tochter zu sein. Meine Mutter war schon lange tot, aber mein Vater lebte noch, und ich mußte jetzt etwas unternehmen. Ich schrieb ihm einen langen Brief. Ich brauchte Stunden dazu, und ich bekam so etwas wie Lampenfieber. Meine Finger wurden steif, und ich konnte kaum noch den Stift halten. Ich schrieb ihm, wie dankbar ich ihm für alles, was er für mich getan hatte, war, und ich schrieb: »Ich liebe dich, Papa.« Es war nicht gerade leicht, aber am See von Galilea fiel es mir immer noch leichter, das auszudrücken, als meinem Vater gegenüber.

In den letzten Lebensjahren meines Vaters ging etwas Seltsames mit ihm vor. Er wurde sehr viel weicher. Er sprach über Dinge, über die er nie zuvor gesprochen hatte. Und er sagte zu uns Kindern, daß er uns liebte, uns alle, und wir redeten darüber und waren beeindruckt. Die beste Geschichte über seine Wandlung stammt von Tante Cree.

Ab und zu fuhr ich von Provo nach Midway, um Tante Cree und Onkel Karl zu besuchen. Vor allem im Herbst, wenn die Pappeln gelb und die Eichen rot werden, ist die Fahrt durch den Canyon atemberaubend. Tante Cree war die jüngere Schwester meines Vaters, und ich wußte, daß er sie sehr mochte. Wenn wir sie besucht hatten, als ich noch ein Kind gewesen war, hatte er einfach die Tür geöffnet, ohne vorher anzuklopfen, etwas, was ich kaum glauben konnte, aber sie schien nie etwas dagegen zu haben.

Ich mochte Tante Cree sehr gern. Sie war eine kluge alte Frau, herzlich, intelligent und großzügig, und sie konnte wundervolle Geschichten erzählen. Außerdem hatte sie Vorratsregale voller wundervoller Dinge wie Butter und Himbeermarmelade.

Eines Tages fragte ich sie über die Familie aus, in der sie und mein Vater großgeworden waren, weil ich dachte, es könnte vielleicht etwas Licht auf seine eigene Familie werfen. Und ich erfuhr, was ich vermutet hatte: Die Eltern meines Vaters hatten eine Art pionierhafte emotionale Strenge praktiziert. Die Ehe war solide, aber nicht besonders liebevoll, und Tante Cree erinnerte sich daran, daß ihre Eltern ein paar Monate nicht zusammengelebt hatten und niemand gewußt hatte, warum. Mein Vater war also anscheinend ein Produkt seiner Erziehung, so wie ich ein Produkt seiner Erziehung war, er hatte mir nur geben können, was ihm selbst gegeben worden war.

»Aber weißt du was?« sagte Tante Cree, als wir zusammen auf dem Fellüberwurf auf ihrer Couch saßen. »Dein Vater hat sich in der letzten Zeit geändert. Vor ein paar Monaten, als er hier zu Besuch war, ist etwas wirklich Ungewöhnliches passiert. Ich habe hier gesessen, genau hier, wo ich jetzt sitze, und dein Vater saß mir gegenüber, da drüben, und wir haben uns unterhalten. Ich weiß nicht mehr über was. Und plötzlich sagte er zu mir: »Cree, ich glaube, ich habe dir nie gesagt, daß ich dich liebe, oder?« Und ich antwortete: »Nein, ich glaube, das hast du mir noch nie gesagt.« Und dein Vater stand auf und kam quer durch das Zimmer auf mich zu, umarmte mich und sagte: »Wirklich, Cree, ich liebe dich.« Also, kannst du dir das vorstellen?«

Die Geschichte war mir sehr nahegegangen. Ich erzählte sie auf der Beerdigung meines Vaters. Sie bedeutet, daß Gewohnheiten nicht das Ende der Geschichte sind. In der letzten Woche, bevor mein Vater starb, war er bei uns zu Hause, und wir sagten diesen Satz oft zueinander. Es fiel mir nie so leicht, ihn zu meinem Vater zu sagen wie zu meinen Kindern, aber die Tatsache, daß ich ihn überhaupt sagte, spricht für ein Überwinden des Generationenkonflikts. Und es war auch schön für mich, daß meine Kinder eine Zeit mit ihrem Großvater verbringen konnten. Besonders Emily.

»Möchtest du ein Glas Wasser, Opa?«

»Nein, danke, Emily.« Wenn es ihm besser gegangen wäre, hätte er sie Frosch genannt, wie er es schon oft gemacht hatte. Frosch war sein liebstes Kosewort.

»Gute Nacht, Opa. Ich hoffe, es geht dir besser. Ich hab' dich lieb, Opa.«

»Gute Nacht, Emily. Ich hab' dich auch lieb.«

Es tat mir gut, daß er Liebes hörte von jemandem, für den Liebe so etwas wie eine Muttersprache war, der es nicht erst hatte mühsam lernen müssen.

Ich habe viel Glück gehabt. In all den Jahren, den guten wie den schlechten, vor allem in ein paar gerade erst vergangenen Jahren, als ich mit so traurigen Augen in den Spiegel blickte, daß ich am liebsten das Glas zerschlagen hätte, hatte ich immer Emily gehabt, die die Worte für uns und zu uns allen sagte. Ich bin zwar die Mutter, aber Emily hat uns geführt, hat die Familienzuneigung gesteuert, und dafür bin ich ihr einfach nur dankbar.

»Gute Nacht, Mami. Ich hab' dich lieb.«

»Gute Nacht, Em. Ich hab' dich auch lieb.«

»Gute Nacht, John. Ich hab' dich lieb.«

»Ich dich auch, Em. Gute Nacht.«

»Gute Nacht, Aaron. Ich hab' dich lieb.«

»Nacht, Em. Ich dich auch.«

»Gute Nacht, Katie. Ich hab' dich lieb, mein Schatz.«

»Nacht, Emily, ich dich auch.«

Wenn Emily noch einmal in mein Zimmer kommt, wenn wir alle schon zu Bett gegangen sind, muß sie es noch einmal sagen. Und sie muß es auch noch ein drittes Mal sagen, und das macht mir überhaupt nichts aus. Schließlich könnte das Haus in dieser Nacht abbrennen. Und es war natürlich auch der letzte Satz, den sie zu ihrem Vater gesagt hat, als er sterbend auf der Couch im Wohnzimmer lag und ich ihm den Telefonhörer ans Ohr hielt. »Auf Wiedersehen«, sagte sie, »auf Wiedersehen, ich liebe dich.« Ich machte diesen Satz zum Titel eines Buches, das ich über Gerald und mich schrieb, aber was noch besser war, er entlockte Emilys Vater ein letztes Lächeln.

Ich habe viel von meiner kleinen Lehrerin gelernt. Eines Tages kam Katie aus dem vierten Schuljahr nach Hause und sagte: »Mama? Wir sollten heute in der Schule alle erzählen, was uns am peinlichsten bei unseren Müttern ist.«

»Ach du lieber Himmel«, rief ich. »Was hast du denn gesagt? Wenn ich vor deinen Freunden singe?«

»Schlimmer.«

»Wenn ich vor dem Auto Yoga-Übungen mache, während ich vor der Schule auf dich warte?«

Katie schüttelte den Kopf. »Ich habe gesagt, mir ist bei meiner Mutter am peinlichsten, wenn wir auf dem Flughafen oder so sind, und sie packt mich bei den Schultern, schüttelt mich und sagt ganz laut: ›O Katie, ich liebe dich. Hörst du, ich liebe dich!‹«

Ich fing an zu lachen. »Das ist nicht dein Ernst! Das ist das Peinlichste, was ich mache?«

Katie stemmte die Hände in die Hüften und sah mich ungehalten an. »Ja!«

Ich packte sie, schüttelte sie und sagte ihr, daß ich sie liebe.

Emily ist auf dem College. Ich habe es ihr nicht verboten, auszuziehen. Als sie die letzten Sachen in ihre Koffer und Taschen verstaute, sagte ich zu ihr, nein, sie dürfe nicht, sie solle sofort wieder auspacken. Aber sie ging trotzdem. Heute abend werde ich sie anrufen, und sie wird den Satz zu mir sagen.

Ich werde in den Flur gehen und zuhören, wie meine anderen Kinder zu Bett gehen, und ich werde meinen ruppigen Teenager Aaron sagen hören: »Nacht, Katy. Ich hab' dich lieb.« Und Katy wird antworten: »Nacht, Aaron. Ich hab' dich auch lieb.«

Und ich werde an die Wand neben meinem Computer gukken, wo zahlreiche kleine Zettel hängen, die ich im Laufe der Jahre so bekommen habe. Einen mit Herzchen »Ich hab' dich lieb, Mama«. Ein anderer: »Gute Reise, Mama. Und denk daran, ich liebe dich von ganzem Herzen.« Und »Hey, sexy Lady, würdest du bitte einen Scheck dalassen, damit ich meinen Gymnastikanzug bezahlen kann, und würdest du meine Sachen in den Trockner stecken, bevor du ins Bett gehst? Ich hab' dich lieb, Mama. X0X0X0, Emily.«

Ich werde all diese Zettel dort hängen lassen, bis sie vergilbt sind und in Fetzen auf den Fußboden fallen.

5.
Unser netter obszöner Anrufer aus der Nachbarschaft

Als das Telefon klingelte, erwartete ich gerade einen Anruf aus der Bücherei wegen eines Buches, nach dem ich gefragt hatte.

»Hallo?«

»Möchten Sie gerne f.....?«

Ich warf den Hörer auf die Gabel. Das Blut rauschte in meinen Ohren, und ich kam mir vor wie jemand, der knapp einem Autounfall entgangen ist. Meine Hand umklammerte den Hörer noch fest, und ich fühlte das Blut in meinen Fingern pulsieren.

Was? Warum? Wie konnte er es wagen? Das ist mein Zuhause, mein Zuhause! Jemand war eingedrungen, hatte mich ins Gesicht geschlagen, und ich konnte ihn noch nicht einmal sehen!

Wieder klingelte das Telefon, und ich zuckte zusammen. Ich zog meine zitternde Hand zurück und starrte auf das Telefon, als ob eindringliche Blicke den Anrufer identifizieren könnten. Schließlich griff ich nach dem Hörer und hob ab, bereit, ihn sofort wieder auf die Gabel zu legen.

»Hallo?« sagte ich zögernd.

»Mrs. Pearson? Wir haben das Buch hier. Soll ich es für sie zurücklegen?«

»Ja, danke.«

Ich versuchte, mich wieder aufs Schreiben zu konzentrieren, aber es gelang mir nicht. Seltsame, unwillkommene Gedanken drängten sich zwischen meine Augen und die Seite. Wie konnte er es nur wagen? Er hatte mir den ganzen Morgen verdorben. Wie konnte er es nur wagen? Ich hatte erst einen einzigen obszönen Anruf in meinem Leben bekommen, und das war vor zehn Jahren gewesen. Na ja. Alle zehn Jahre konnte ich sowas wohl ertragen.

An diesem Abend hörte ich, wie Emily ans Telefon ging. Sie sagte überrascht »Wie bitte?« und dann warf sie den Hörer auf die Gabel.

»Wer war das?« fragte ich alarmiert.

»Irgendein blöder Typ.«

»Was hat er gesagt?«

»Das brauchst du nicht zu wissen.«

»Doch.«

»Er hat gesagt ›Möchtest du du-weißt-schon-was.‹«

»Er hat heute früh schon angerufen.«

»Wirklich?« So ein blöder Typ.«

Emily setzte sich wieder an ihre Hausaufgaben, und ich fiel seufzend auf die Couch. Ein Anruf konnte ein Irrtum sein, aber zwei an einem Tag waren alarmierend. Er hatte nicht nur zufällig Nummern gewählt, von denen eine dann unsere war. Er hatte unsere Nummer absichtlich gewählt. Warum? Bevor ich an diesem Abend zu Bett ging, zog ich den Stecker aus dem Telefon.

Das war dumm. Was wäre, wenn irgend etwas passierte und jemand mich dringend brauchte? Na ja, sie würden auch schon ohne mich fertigwerden. Ich mußte mich einfach eine Zeitlang sicher fühlen.

Warum fand ich das alles so entsetzlich? Viele Leute bekamen ständig obszöne Anrufe und hielten das nicht für so tragisch. Jedenfalls nahm ich das an. Warum fand ich das eigentlich so tragisch? Warum fand ich Obszönitäten oder Vulgäres immer so abstoßend? Als die Kinder damit anfingen, vulgäre Ausdrücke aus der Schule oder von ihren Spielkameraden mit nach Hause zu bringen, war meine Standardantwort: »Du kannst diesen Ausdruck vergessen. Das ist ein Schrottausdruck, und ich möchte ihn in meinem Haus nicht mehr hören.« Aus irgendeinem Grund tauchten in den ersten zwei Monaten, in denen wir in unserem neuen Haus wohnten, alle möglichen Schrottausdrücke auf. Einmal machte ich sogar meine Drohung wahr, den Mund, der ein solches Wort aussprach, mit Seife auszuwaschen. Und als ich einmal erfuhr, daß Aaron irgendeinen neu erworbenen Ausdruck an einem kleinen Mädchen ausprobiert hatte, das weinend nach Hause gelaufen war, gingen Aaron und ich zu dem kleinen Mädchen nach Hause, und Aaron mußte sich bei dem Mädchen und ihrem Vater entschuldigen und versprechen, daß er so etwas nie wieder sagen würde.

Ich reagierte auch empfindlich auf nicht so offensive Ausdrücke, und das wissen meine Kinder ganz genau. Eines Nachmittags kam Emily aus der High School nach Haus und fiel kichernd auf die Couch.

»Was ist so komisch?« fragte ich.

»Das kann ich dir nicht sagen, Mama. Es ist zu stark«, erwiderte sie kichernd.

»Na, wenn's so komisch ist, werde ich es schon noch ertragen.«

Emily versuchte, sich zusammenzureißen. »Wir haben heute im Englischunterricht laut vorgelesen. Und der eine Junge — er liest nicht besonders gut —, na ja, er war dran, und er hat einen total blöden Fehler gemacht. Er sollte lesen ›Und so steckte Harold eine Nelke in sein Knopfloch und ging zu der Party.‹ Aber statt ›Knopfloch‹ hat er gesagt . . .« Emily fing erneut haltlos an zu kichern.

»Gib dir keine Mühe«, sagte ich, »ich kann's mir schon vorstellen.«

Ich mußte doch darüber lachen — es war schon ziemlich komisch —, aber für gewöhnlich kann ich über sowas nicht lachen. Als ich eines Tages das Gefühl hatte, die Ausdrücke der Kinder seien ein bißchen zu stark, sagte ich: »Jetzt ist es genug. Ich hab's kapiert, aber ich kann es jetzt nicht mehr hören! Klar?«

»Aber, Mama!« rief Emily, und alle vier Kinder schütteten sich vor Lachen aus.

Soweit in Ordnung. Ich kann mit anzüglichen Bemerkungen umgehen. Und ich habe mich sogar an ein paar andere Ausdrücke gewöhnt, die ich selbst nie benutzen würde. Aber ich habe mich nicht an wirklich schwere Geschütze gewöhnt, an obszöne Anrufe zum Beispiel, mit denen auf eine so feige Art unschuldige Leute belästigt werden. Und jetzt war ich zweimal in vierundzwanzig Stunden mit so etwas konfrontiert worden.

Als ich am nächsten Morgen noch vor neun Uhr an meinem Schreibtisch saß, klingelte das Telefon.

»Hallo?«

»Möchten Sie gerne f.......?«

Es war die gleiche leise männliche Stimme.

Ich warf den Hörer auf die Gabel und stand da, zitternd und wütend. Wie konnte er es wagen? Was gab ihm das Recht, so in mein Haus einzudringen und seinen Müll über mich auszuschütten? Was für ein unsäglicher Typ! So ein verdammter Kerl! Verdammt war so ungefähr das stärkste Schimpfwort, das ich je benutzte, und meistens sprach ich es noch nicht mal aus. Na ja, vielleicht wurde er es leid, anzurufen. Ich tat das einzig Richtige. Ich legte einfach auf. Ich wußte, daß man einem obszönen Anrufer am besten nicht antwortet und daß es auch nichts nützte, ihn anzuschreien. Er würde es schon leid werden, anzurufen.

Aber er wurde es nicht leid. Er rief mindestens ein- oder zweimal am Tag an. Er wurde zur Plage, zur Belästigung, zum Feind. Emily fand ihn blöd; ich fand ihn verletzend. Wir nannten ihn den Typ. Wenn die Jungen oder Katy am Telefon waren, hing er auf. Aber wenn Emily oder ich abnahmen, sagte er seinen Satz, immer mit der gleichen leisen Stimme, immer mit den gleichen Wörtern, nie gab es auch nur die geringste Variante. Der arme blöde Typ hat nicht die geringste Phantasie, dachte ich. Ich war immer auf der Hut, wettete manchmal mit mir selbst, wenn das Telefon klingelte, und manchmal, wenn er wirklich dran war, konnte ich schnell genug auflegen, bevor er seine Botschaft loswurde. Langsam mußte ihm das doch langweilig werden. Warum hörte er nicht endlich damit auf?

»Emily«, sagte ich eines Abends, »wahrscheinlich ist es jemand von deiner Schule. Er ruft nicht während der Schulstunden an, und er klingt noch ziemlich jung. Kannst du dir vorstellen, wer es sein könnte?«

»Mmmm. Nein.«

»Gibt es bei dir an der Schule irgendwelche Jungen, die seltsam aussehen oder sich komisch benehmen?«

»Mama, die meisten Jungen in der Schule benehmen sich komisch oder sehen seltsam aus.«

Wie konnten Jungenstreiche nur so degenerieren? Als ich in Provo, Utah, aufwuchs, war der gewagteste Streich von Jugendlichen, beim örtlichen Lebensmittelhändler anzurufen.

»Haben Sie Eisbeine?« fragte man dann.

»Ja«, kam die Antwort.

»Dann sollten Sie dicke Socken anziehen.« Und dann wurde der Hörer aufgelegt, und man lachte sich halbtot.

Einmal war ein unglaublich witziger Junge bei mir zu Hause, und als das Telefon klingelte, hob er ab und meldete sich: »Mormonenkirche. Hier spricht Engel Moroni.«

Sicher war der Lebensmittelhändler die zahlreichen Anrufe wegen seiner Eisbeine schon bald leid, aber das hier war ein völlig anderes Spiel. Daran war nichts Komisches. Lebten wir jetzt in einer dunkleren Zeit? Was brachte dem Typ das? Es war der reinste Krimi.

Als er zum ersten Mal mitten in der Nacht anrief, war ich wütend. Und entsetzt. Was war das für ein Mensch? Er sprach nie Drohungen aus, sagte nie, er würde etwas tun. Aber ich begann, mir Sorgen zu machen. Mitten in der Nacht beginnen die Gedanken zu rotieren. Wußte er, wo wir wohnten? Beobachtete er uns? Beobachtete er Katy und Emily, wenn sie von der Schule nach Hause kamen? Wußte er, daß ich allein lebte, daß es keinen Mann in unserem Haus gab? Verdammter Kerl! Wer war er?

Am nächsten Tag rief ich die Telefongesellschaft an. Ihre Antwort war die, die ich erwartet hatte, nämlich, warum ich nicht schon früher angerufen hätte. Obszöne Anrufe seien häufig, sagte mir die zuständige Beamtin, und die Telefongesellschaft könne nur selten einen Anruf auf Band aufnehmen. Ihr erster Vorschlag war, ich solle meine Nummer ändern und die neue Nummer nur den Leuten mitteilen, denen ich vertraute. Daran hatte ich auch schon gedacht, aber es widerstrebte mir, die neue Nummer einer riesigen Liste von Freunden und Geschäftsfreunden mitzuteilen und den Kindern zu sagen, sie sollten vorsichtig mit der neuen Nummer umgehen. Und wenn der Anrufer wußte, wer wir waren, konnte er sich auch die neue Nummer beschaffen. Ich wollte kein Leben im Verborgenen führen, ich wollte einen offenen Kampf. Daraufhin schlug die Frau mir vor, ich solle Tagebuch über die Anrufe führen, um feststellen zu können, ob es irgendein Muster gab, nach dem der Anrufer verfuhr. Das könnte helfen, ihn zu identifizieren. Mir kam der Vorschlag sinnvoll vor.

Als ich aufgehängt hatte, ging ich zum Kalender und trug den Anruf von der letzten Nacht ein. »Der Typ 2.30 Uhr nachts.« Auch die zwei vorhergegangenen Anrufe trug ich ein.

Was konnte ich sonst noch tun? Wenn es irgend jemand hier aus der Gegend war, überlegte ich, bekamen die anderen Frauen vielleicht auch solche Anrufe. Ich begann, in der Nachbarschaft herumzufragen, so wie ich es für den alljährlichen Basar tat. Nur war dieses Mal der Anlaß weniger erfreulich.

»Hallo, ich muß Ihnen leider eine seltsame Frage stellen. Haben Sie in der letzten Zeit irgendwelche obszönen Anrufe erhalten?«

Bingo. Zwei Treffer. Zwei Frauen aus der Nachbarschaft bekamen seit der gleichen Zeit Anrufe wie ich. Der gleiche Satz.

»Ein Anruf kommt, sobald der Wagen meines Mannes aus der Einfahrt gefahren ist«, sagte Rena. »Ich bin schon richtig wütend.«

»Das Telefon klingelt, sobald ich das Haus betrete«, sagte Joyce. »Manchmal weiß ich schon vorher, daß er es ist, aber was soll ich machen?«

Jetzt waren wir also drei. Wieviel mochten es sonst noch sein? Der arme Typ war ein vielbeschäftigter Mann. Er mußte von der Schule oder von der Arbeit oder sonstwas direkt nach Hause rasen und sich ans Telefon begeben. Man stelle sich bloß einmal die Zeit und die Energie vor, die er dafür benötigte! Der arme Typ!

Es mußte einer der Jugendlichen aus der Gegend sein. Es mußte einfach so sein. Ich wußte, das verbesserte unsere Chancen, ihn aufzuspüren, aber gleichzeitig machte es mich auch traurig. Wahrscheinlich war es jemand, den wir kannten. Im Geiste ging ich die fünf Jugendlichen durch, die ich kannte. Wer von ihnen konnte es sein? Joel? Ich hatte ihn nach Hause gefahren, als er und Emily spät noch für ein Stück geprobt hatten. Tom? Richard? Manchmal blieben sie abends lange auf, um die Sterne durch ihr Teleskop zu beobachten. Jack? Er war ein netter, athletischer Junge aus dem Football-Team. Kyle? Ihn kannte ich am wenigsten, aber ich mochte seine höfliche und freundliche Art.

An diesem Abend befragte ich Aaron und John. Ich machte es eher beiläufig, da ich nicht wollte, daß die Kinder so verunsichert wurden wie ich, aber ich hielt den Zeitpunkt für gekommen, wo sie mir eine Hilfe sein konnten. »Ihr wißt, daß Emily und ich diese Anrufe bekommen. Von dem Typen. Ich glaube, es ist wahrscheinlich jemand aus der Nachbarschaft. Wer, denkt ihr, könnte es sein?«

»Was sagt er denn?« fragte John.

Zum ersten Mal wiederholte ich den Satz des Typen vor den Jungen.

Aaron lachte. »Oh, das ist Jack.«

»Woher weißt du das?«

»Wir waren alle zusammen bei Dan, und Jack ging zum Telefon, wählte eine Nummer und sagte genau das.«

Jack? Jack, der gutaussehende, große blonde Junge mit dem raschen Lächeln? Jack, der dafür sorgte, daß seine zwei kleinen Schwestern nicht alleine im Dunkeln nach Hause gehen mußten, wenn sie bei uns zu Hause waren und es spät geworden war? Jack, der mir freudig geholfen hatte, als ich einmal ein Ballspiel auf der Straße unterbrochen und nach Freiwilligen gefragt hatte, die wegen irgendeines Nachbarschaftsfestes Flugblätter austragen sollten? Meine eigenen Söhne hatten gemeckert »Oh, Mama!«. Aber Jack hatte mir den ganzen Stapel aus der Hand genommen, jedem Jungen ein paar gegeben und sie weggeschickt. »Los, Jungs«, hatte er gesagt. »Es dauert ja nicht lange.« Jack sollte der Typ sein? Ich wollte nicht, daß es Jack war. Seine Mutter war so eine nette Frau; sie hatte eine Tochter in Katys Alter, und wir hatten einmal in der Schule zusammen Aufsicht gehabt. Ich hatte Angst vor dem nächsten Anruf, ich war mir nicht sicher, was ich tun sollte. Die Kinder hatten jetzt seit einem Monat Ferien, und die Anrufe waren tagsüber und abends gekommen. Jetzt hatten sie seit einiger Zeit aufgehört. Ich begann, Hoffnung zu schöpfen. Vielleicht war es vorbei!

Nach einer Woche des Schweigens jedoch kamen an zwei Vormittagen hintereinander Anrufe um halb elf. Ich sagte nichts und hängte auf wie gewöhnlich. Sollte ich nicht doch etwas zu ihm sagen? Stimmte es wirklich, daß es Jack war? Hatte ich genug Beweise, um mir dessen sicher sein zu können?

An diesem Abend traf ich Jacks Mutter beim Lebensmittelhändler.

»Ach, ist das schön, wieder zu Hause zu sein«, sagte sie.

»Waren Sie weg?«

»Ja, eine Woche lang. Wir waren am Meer. Wir sind Sonntag weggefahren und diesen Sonntag wiedergekommen.«

Die letzten Anrufe hatte ich am Freitag und am Samstag bekommen. Und sie hatten wieder angefangen am Tag, als sie vom Urlaub nach Hause gekommen waren. Es gab keinen Zweifel mehr: Jack war der Typ. In Gedanken bereitete ich eine kleine Rede vor für den nächsten Anruf. Ich sagte sie mir immer wieder vor und hatte große Angst vor dem Moment. Ich mußte nicht lange warten. Am nächsten Morgen um halb elf klingelte das Telefon.

»Hallo?«

Die gleiche leise Stimme. »Möchten Sie gerne f.......?«

»Jack«, sagte ich langsam und deutlich, »das ist der letzte Anruf dieser Art, den du machen wirst. Wenn ich oder irgendeine andere Frau aus der Nachbarschaft noch einen bekommen, gehe ich zu deinen Eltern und erzähle ihnen, was du machst. Ich möchte nie wieder etwas von dir hören.«

Zitternd legte ich den Hörer auf. Wenn ich mich irgendwie geirrt hatte und Jack gar nicht der Anrufer war, würde dieser wahrscheinlich noch einmal anrufen, um mir zu zeigen, daß ich unrecht hatte. Ich wartete. Nichts geschah. Mit einer gewissen Befriedigung stellte ich mir den Schock auf dem Gesicht des armen Jungen vor, als er mich seinen Namen aussprechen hörte. In den nächsten zwei Tagen hielt ich jedesmal den Atem an, wenn das Telefon klingelte, und jedesmal war ich erleichtert, wenn er es nicht war. Wir waren frei. Die Belagerung war vorbei.

Wochen vergingen. Ich fragte Rena und Joyce, ob sie auch keine Anrufe mehr bekamen, und sie sagten nein. Ich sagte ihnen, was ich getan hatte, jedoch ohne Jacks Namen zu erwähnen. Warum fühlte ich mich eigentlich bemüßigt, ihn zu beschützen? Warum beobachtete ich ihn so mitleidig, wie er auf seinem Fahrrad kam und wegfuhr (wobei er natürlich meinen Blick mied), warum fühlte ich mich fast verantwortlich für ihn? Zwischen uns schien sich ein äußerst seltsames Band entwickelt zu haben. Sieben Monate lang hatte eine gewisse Intimität zwischen uns bestanden, eine negative natürlich, aber doch eine Intimität. Ich konnte ihn nicht einfach fallenlassen. Der arme Typ. Jemand, der soviel Zeit aufwandte, um sich so destruktiv zu verhalten, mußte echte Probleme haben. Was für Probleme? Die Anrufe waren doch nur ein Symptom dafür gewesen. Jack brauchte Hilfe. Wie konnte ich mich da von ihm abwenden? Kein Kind ist nur »deins« oder »meins«. Wir sind alle irgendwie verantwortlich. Wenn eins meiner Kinder ein Problem hätte, von dem ich nichts wüßte, und jemand anderer wüßte davon, dann wollte ich doch, daß er mir das erzählt. Selbst wenn es weh täte, würde ich es wissen wollen.

Ich rief bei der Polizeiwache an und verlangte jemanden, der Erfahrungen mit obszönen Anrufen hatte.

»Warum tut ein Junge so etwas?« fragte ich den Beamten.

»Pubertät. Wahrscheinlich hat er drängende sexuelle Bedürfnisse und reagiert die durch solche Anrufe ab.«

»Wäre es richtig, mit seinen Eltern darüber zu sprechen?«

»Absolut. Der Junge braucht Hilfe, damit seine Energien in die richtige Bahn gelenkt werden, er braucht Rat. Seine Eltern müssen dafür sorgen, daß er ihn bekommt.«

Einen Tag, nachdem die Schule wieder angefangen hatte, und ich wußte, daß Jack nicht zu Hause war, tat ich etwas, das wesentlich schwerer war, als mit einem neuen Buch anzufangen. Nachdem ich es so lange wie möglich herausgeschoben hatte, indem ich die Küche aufgeräumt und geputzt und mir versucht hatte einzureden, ich solle mich um meinen eigenen Kram kümmern, ging ich zum Telefon und rief Jacks Mutter an.

»Sharon? Carol Lynn. Ich muß mit Ihnen sprechen. Kann ich ein paar Minuten zu Ihnen kommen?«

»Natürlich«, sagte sie. »Kommen Sie nur.«

So, jetzt kam der schwerste Teil, wie der Beginn eines neuen Kapitels in einem Buch. Mir blieb der Atem weg, während ich den Hügel hinaufging; ich wollte das Ganze jetzt endlich hinter mich bringen. Sharon machte mir auf, und ich machte ihr Komplimente über ihren neuen Teppich und die neuen Vorhänge; ich kam mir vor wie ein schlechter Schwimmer bei hohem Wellengang. Dann stürzte ich mich Hals über Kopf hinein. »Sharon, ich muß über etwas mit Ihnen reden. Es geht um Jack.«

»Jack?«

»Ich glaube, er macht obszöne Anrufe, und ich hatte das Gefühl, ich müßte es Ihnen sagen.«

Und dann sprudelte die ganze Geschichte aus mir heraus: daß auch andere Frauen Anrufe bekommen hatten, daß mein Sohn gehört hatte, wie Jack einen machte, daß ihre Ferien übereingestimmt hätten mit der Zeit ohne Anrufe und daß die Anrufe ganz aufgehört hätten, als ich den Anrufer mit Jacks Namen angesprochen hatte. »Ich wollte Ihnen das nicht erzählen, Sharon«, fuhr ich fort, als ich den schockierten Ausdruck in ihren Augen sah, »aber Jack braucht Hilfe, und Sie sind die einzige, die ihm helfen kann. Es tut mir so leid.«

»Ich . . . ich bin froh, daß Sie es mir gesagt haben«, sagte Sharon langsam und starrte auf den neuen Teppich. »Jack ist ein guter Junge.«

»Das weiß ich.«

»Er steht so unter Druck. Sein Stiefvater will unbedingt einen Mann aus ihm machen. Wenn er eine schlechtere Note als eine drei schreibt, ist hier der Teufel los. Er stellt ihm jeden Tag eine lange Liste von Pflichten auf, und er erledigt sie nie gut genug für Dave. Am Samstag hat er ihn dreimal den Rasen mähen lassen, so daß er nicht mit seinen Freunden an den

Strand gehen konnte. Immer hat er was an ihm auszusetzen. Wenn sie im gleichen Zimmer zusammen sind, kann Jack sich nicht entspannen. Er kann sich nur entspannen, wenn Dave zur Arbeit gefahren ist, aber wenn er zurückkommt, wird er wieder ganz steif. Er hat dieses Jahr sogar angefangen zu stottern. Das hat er noch nie getan.«

Wir redeten zwei Stunden miteinander. Wir sahen im Telefonbuch nach und suchten die Nummer einer Beratungsstelle am Ort heraus. Ein Berater sagte Sharon, wie sie auf ihren Sohn zugehen sollte und was sie auf keinen Fall tun sollte.

»Ich bin Ihnen so dankbar, daß Sie gekommen sind«, sagte Sharon, als ich ging. »Wirklich.«

»Erzählen Sie mir, wie es weitergeht, ja?«

Daß es nun den Berg hinunter ging, war nicht der einzige Grund dafür, daß mir der Heimweg so viel leichter fiel.

Ein paar Wochen später sprachen wir wieder miteinander. Sharon und ihr Mann hatten Jack die Anrufe auf den Kopf zugesagt. Jack hatte zuerst geleugnet, dann hatte er zu weinen begonnen und die Anrufe zugegeben. Sie hatten einige Sitzungen bei einem Familienberater hinter sich, und Sharon war voller Hoffnung, daß sie die Dinge nun in den Griff bekamen.

In den nächsten zwei Jahren beobachtete ich weiter, wie Jack auf seinem Fahrrad kam und wieder wegfuhr. Er sah mich immer noch nicht an. Aber ich sah ihn an und war jederzeit bereit zu lächeln, und ab und zu sagte ich sogar hallo zu ihm. Sie sind jetzt weggezogen, und wenn ich an dem Haus vorbeikomme, in dem sie früher gewohnt haben, schicke ich Jack immer einen guten Gedanken.

Ich beobachtete auch meine eigenen Kinder, beobachte sie heute noch und überlege mir, was sie wohl für schlimme Dinge tun mögen. Sicher werden sie keine obszönen Anrufe tätigen, aber jedes von ihnen hat schon Sachen gemacht, bei denen ich mir nur die Augen zuhalten konnte. Emily hat das Auto eines

Nachbarn zerkratzt, als sie es mitten in der Nacht mit einer Freundin gewaschen hat. John hat das Fenster eines Autos eingeworfen, auf dessen Reifen er Steine geschleudert hat. Die lange Liste von Aarons Untaten haben Sie schon gelesen. Und gestern erst hat Katy Ärger mit dem Busfahrer bekommen, weil sie Papierkügelchen aus dem Fenster geworfen hat — aber sie ist ja auch erst zwölf. Man kann ihnen nur vergeben. Es sind meine Kinder und Ihre Kinder, und Ihre Kinder sind auch meine. Wir ziehen doch alle am selben Strang.

6.
Frieden auf Erden beginnt bei der Mutter

Einmal sagte Katy verträumt zu mir: »Mama, weißt du, wann ich am glücklichsten war?«

»Nein. Wann?«

»In der Woche, als ich auf dem Reiterhof war.«

»Wirklich?«

»Ja. Und weißt du, wann ich am zweitglücklichsten war?«

»Wann?«

»In der Woche, als Aaron im Pfadfinderlager war.«

Katy und Aaron geraten immer aneinander.

»Katy, jetzt rutsch schon rüber!« Wieder einmal schien es ungeheuer wichtig für diese beiden zu sein, daß ihre Ellbogen sich nicht berührten, während sie beim Essen an der Küchenbar saßen.

»Nein! Du kannst ja rutschen!«

»Du hast so viel Platz! Guck doch bloß mal! Von da bis . . .«

»Aaron, hör jetzt auf!« bat ich.

»Guck doch bloß, wie breit sie sich macht, Mama. Sie hat ihren Ellbogen ja schon fast in meinem Essen!«

»Gut! Rutsch rüber!«

Aarons Ellbogen stieß an Katys Ellbogen, und Katys Ellbogen landete in ihrem Teller mit Spaghetti.

»Guck mal, was du angerichtet hast«, kreischte sie, als der Teller zu Boden fiel und die Spaghetti sich wie Würmer über das Linoleum kringelten.

»Das ist ganz allein deine Schuld.« Aaron lachte. Aaron findet alles komisch, zumindest alles, was er selbst anstiftet.

»Jetzt reicht es aber«, explodierte ich. »Könnt ihr mir mal sagen, wie jemals Frieden auf der Welt herrschen soll, wenn es nicht mal bei uns friedlich zugeht? Wir können ja wohl nicht erwarten, daß die Russen und die Amerikaner miteinander auskommen, wenn nicht mal Katy und Aaron miteinander auskommen können!«

»Ach, Mama«, sagte John, »du redest dummes Zeug. Als ob es von Katy und Aaron abhinge, ob der Dritte Weltkrieg ausbricht oder nicht.«

»Das ist bei weitem nicht so dumm, wie du denkst. Ihr beiden könnt in der Zwischenzeit in der Garage eine Gipfelkonferenz abhalten, und kommt bloß nicht wieder, bevor ihr nicht einen Friedensplan beschlossen habt!«

»Mama«, sagte John, »vielleicht solltest du Reagan und Gorbatschow in die Garage schicken, damit sie einen Friedensplan entwerfen.«

»Ganz richtig«, erwiderte ich, während ich den beiden Streithähnen einen Schubs in die richtige Richtung gab. »Genau das sollte ich vielleicht tun!«

Ein paar Minuten später kamen Katy und Aaron friedlich wieder in die Küche zurück.

»Na?« fragte ich.

»Wir haben beschlossen«, sagte Katy, wobei sie die Arme über ihrem roten Sweatshirt kreuzte und das Urteil wie ein kleiner Richter verkündete, »daß derjenige, der den Tisch deckt, meinen gelben Teller und Aarons blauen Teller an entgegengesetzte Enden stellen soll, damit wir nicht mehr nebeneinander sitzen müssen.«

»In Ordnung. Jetzt müßt ihr euch nur noch überlegen, wie der Frieden aufrechtgehalten werden kann, wenn ihr jetzt nicht endlich eßt!«

Ein paar Monate später machte der sowjetische Dichter Jewgenij Jewtuschenko eine Lesereise durch dreiundzwanzig Städte der Vereinigten Staaten, und seine letzte Station war Berkeley. Ich bewunderte ihn schon seit Jahren, und deshalb ging ich zu seiner Lesung.

Am nächsten Abend sagte ich beim Abendessen: »Kau leise, Aaron. Ich will euch von gestern abend erzählen, und ich möchte nicht, daß dir auch nur ein Wort entgeht. Mr. Jewtuschenko war wundervoll! Er ist ein Riese, sehr dramatisch, er setzt seinen ganzen Körper beim Lesen ein, und er hat eine tiefe, leidenschaftliche Stimme. Er hat auf Russisch und auf Englisch gelesen. Und er hat mich gebeten, euch eine Botschaft zu überbringen.«

»Hä?« grunzte Aaron.

Mr. Jewtuschenko hatte seine Lesung unterbrochen, war näher an das gebannte Publikum herangetreten und hatte gesagt: »Und nun muß ich Ihnen etwas erzählen, auf das ich nicht stolz bin. Es ist traurig, daß ich Ihnen das erzähle, aber ich muß es tun. Ich bin dreimal geschieden. Ich habe gerade zum vierten Mal geheiratet. Darauf bin ich nicht stolz. Es ist einfach nicht gut. Und ich bin gekommen, um etwas zu finden, das sehr wichtig ist. Ich möchte, daß die ganze Welt in Frieden lebt. Ich möchte, daß Rußland und Amerika in Frieden leben. Ich möchte, daß wir alle eine große, friedliche, menschliche Familie sind. Aber diese große, wundervolle Familie können wir nicht werden, solange wir dies nicht in unseren kleinen Familien erreichen. Wir müssen daran arbeiten!«

Genau das hatte er eigentlich gesagt. Aber genauso wie er einen Übersetzer für einige seiner Gedichte gebraucht hatte, übersetzte ich jetzt seine Worte für meine Kinder.

»Mr. Jewtuschenko hat mich gebeten, euch zu sagen ›Wie kann jemals in der Welt Frieden herrschen, wenn nicht einmal Frieden bei den Pearsons herrscht? Wie können wir erwarten, daß Rußland und Amerika friedlich miteinander leben, solange nicht einmal Aaron und Katy miteinander auskommen? Und solange Mrs. Pearson keine andere Möglichkeit sieht, als ihre Kinder anzuschreien?«

Katy starrte mich erstaunt an. »Das hat er gesagt?«

Ich nickte. »Ja, genau das hat er gesagt.«

Ich glaube nicht nur, daß die Streitigkeiten meiner Kinder das Universum beeinflussen, ich bin der festen Überzeugung, daß ein Netz von Energie alle Lebewesen miteinander verbindet. Pflanzen gedeihen, wenn sie emotional genährt werden, und verdorren, wenn sie beschimpft werden. Und ich glaube auch an den Artikel, den ich (nein, nicht im *National Enquirer,* sondern im *San Francisco Chronicle*) gelesen habe. Darin stand, daß eine große Meditationsgruppe einige Monate lang durch die Kraft ihrer Gedanken die Verbrechensrate, die Selbstmordrate und sogar das Wetter beeinflußt habe. Warum nicht? Wir sind alle Teil eines Ganzen. Meine Aufgabe ist es, dafür zu sorgen, daß meine kleine Einheit (ich) und meine größere Einheit (meine Familie) zur Harmonie und nicht zur Disharmonie des Ganzen beitragen. Wenn das nur so einfach wäre.

Gegen die Theorie ist nichts einzuwenden — solange man nicht darüber diskutiert.

»Was soll ich denn tun, wenn andere Kinder Streit mit mir anfangen wollen?« fragte John. »Soll ich mich verprügeln lassen?«

»Ha«, erwiderte Aaron, »jeder, der sich mit mir anlegen will, wird schon sehen, was er davon hat!«

»Du bist ein toller Bursche!« sagte Emily.

»Jetzt denkt doch mal nach«, sagte ich. »Aaron schwört auf Auge um Auge und Zahn um Zahn, aber jemand wie Gandhi war der Überzeugung, wir sollten Böses mit Gutem vergelten.«

»Ja, ja, Mama«, sagte Aaron und lachte. »Wenn jemand mir mein Pausenbrot klaut, renne ich noch hinter ihm her und sage ›Warte, du hast vergessen, mein Milchgeld mitzunehmen!‹.«

Die Kinder kringelten sich vor Lachen bei der Vorstellung, die Mutter auch, aber ich gab nicht auf. »Ich weiß, es klingt komisch«, sagte ich, »vielleicht sogar lächerlich. Aber wenn wir uns so verhalten könnten, wenn genug Menschen sich so verhalten könnten, könnten wir die Welt verändern! Es ist einfach, zurückzuschlagen . . .«

»Ich weiß, was du meinst, Mama«, unterbrach mich John, »aber sag mir doch mal, wann kann ich zurückschlagen? Ich fange nie an zu prügeln, aber wann kann ich zurückschlagen?«

Die Antwort darauf war nicht einfach. Schlagen wir jemals zurück? Ziehen wir jemals in den Krieg? Bei der Besichtigung des Kapitols in Washington hatte mich die Inschrift auf der Statue von Jeanette Rankin aus Montana tief bewegt. Sie war die einzige Abgeordnete, die gegen Amerikas Eintritt in den Zweiten Weltkrieg gestimmt hatte. »Ich kann nicht für den Krieg stimmen.« Aber was wäre passiert, wenn wir uns herausgehalten hätten?

Was jeder von uns tun kann, ist zu versuchen, das Richtige zu tun, auch wenn das schwer ist. Schon die Überlegung, was das Richtige ist, ist schwierig.

Die Sache mit dem Kaugummi ist ein gutes Beispiel. Emily war damals vielleicht neun, John war sieben und Aaron sechs. Nach dem Essen kam ein Nachbarsjunge vorbei und schenkte John und Aaron je einen Kaugummi.

Emily sah das und ging sofort zu den Jungen. »Kann ich die Hälfte haben, Aaron? Ja, kann ich die Hälfte haben? Bitte!«

»Na gut.« Aaron packte seinen Kaugummi aus, sah ihn einen Augenblick lang an und stopfte ihn sich dann ganz in den Mund.

»Aaron!« kreischte Emily.

»Ich habe meine Meinung geändert«, sagte er und ging weg.

Emily brach wütend in Tränen aus, rannte ins Haus und erzählte mir die Geschichte.

»Du hast ganz recht, Emily«, versuchte ich sie zu trösten. »Das war gemein.«

»Aaron ist blöd! Ich hasse ihn!«

Ich holte einen Kaugummi aus meinem geheimen Vorrat und gab ihn ihr. »Hier, Em. Es tut mir leid. Aaron ist noch klein, und er muß erst noch lernen, nett zu sein.«

»Er ist nie nett! Das zahle ich ihm heim!«

Emily sah den in Silberpapier eingewickelten Kaugummi in ihrer Hand an, dann ging sie hinaus.

»Ich zeig's ihm«, sagte sie. »Aaron! Aaron!«

Aaron, der gerade sein Fahrrad aufpumpte, sah auf. »Ja?«

»Mama hat mir einen Kaugummi gegeben.«

»So?«

»Möchtest du die Hälfte abhaben?«

Aaron blickte sie argwöhnisch an und ging einen halben Schritt auf sie zu. »Hast du irgendwas reingetan?«

»Nein!« erwiderte Emily in ihrer aufrichtigsten Stimme. »Es ist ein ganz normaler Kaugummi!«

»Du hast irgendwas reingetan!«

»Hab' ich nicht.« Emily lächelte und hielt Aaron den Kaugummi hin, damit er ihn auspacken und untersuchen konnte. »Ich vergelte Böses mit Gutem, weil du blöd bist!«

Aaron sah sie verständnislos an, zerbrach den Kaugummi in zwei Hälften und steckte sich die eine Hälfte in den Mund. Emily drehte sich auf dem Absatz um und ging zurück ins Haus. Böses mit Gutem? Na ja, Kaugummi ist Kaugummi.

Irgendwo muß man anfangen, und vielleicht ist es ein Anfang, das Richtige aus dem falschen Grund zu tun — nur weil man es seinem Bruder zeigen will. Ich bin mir meiner eigenen Motivation selbst nie ganz sicher, schließlich bin ich nur ein paar Jahre älter als Emily, aber ich tue, was ich kann.

Ein paar Jahre später am Neujahrsmorgen entdeckten wir, daß jemand die Glühbirnen aus den Weihnachtskerzen, die John und Aaron in mühevoller Arbeit draußen am Haus aufgehängt hatten, gestohlen hatte. Ein paar zerbrochene Glühbirnen lagen in roten, gelben und blauen Splittern auf dem Weg, aber der Rest war einfach weg.

»Das macht mich ganz krank«, sagte Emily, mittlerweile dreizehn und etwas überspannt. »Das war einer von den Jungen aus der Nachbarschaft, da bin ich ganz sicher!«

»Na ja, sie sind auf jeden Fall weg«, sagte ich traurig, »und ich bezweifle sehr, daß wir jemals herausfinden werden, wer das getan hat.« Ich war auch ziemlich ärgerlich. Die Lampen waren ein Luxus gewesen. Alle anderen Häuser in der Nachbarschaft hatten lange, farbige Lichterketten, die von Mitte Dezember an leuchteten. »Unser Haus sieht ganz traurig aus, Mama. Können wir nicht auch eine Lichterkette haben?« hatten die Kinder gebettelt. Es hatte mich zwar nicht in den Ruin getrieben, die Lichter zu besorgen, aber sie waren doch eine große Ausgabe gewesen. Vielleicht war ich ja nächstes Jahr Weihnachten in der Lage, neue Glühbirnen zu kaufen.

Emily drehte sich um und rannte den Weg hinunter. »Ich werde herausfinden, wer das getan hat, und ich werde sie zurückholen!«

»Wie?« fragte ich.

»Ich gehe zu Glen«, rief sie über die Schulter zurück. »Er weiß alles!«

»Ich auch!« Aaron rannte hinter Emily her. Ich sah ihnen nach, wie sie wie zwei entschlossene Detektive die Straße entlangliefen. Es war eiskalt, aber sonnig, ein typischer Wintertag in Nordkalifornien. Ich habe mich nie daran gewöhnen können, daß in dieser Jahreszeit bei uns kein Schnee lag. Man muß sich schon sehr anstrengen, mehr als in Utah, um in Weihnachtsstimmung zu kommen. In Utah wäre es, auch ohne farbige Lichterketten am Haus, gar keine Frage, daß Weihnachten vor der Tür stand.

Traurig wandte ich mich wieder meiner Hausarbeit zu. Kein

guter Anfang für das Neue Jahr. Schließlich war jetzt die Zeit des Gebens, nicht des Nehmens, die Zeit, um guten Willen zu zeigen, und nicht, um daran denken zu müssen, daß in der Silvesternacht irgendein falscher Nikolaus unsere Lichter gestohlen hatte.

Eine Stunde später hörte ich die Tür schlagen und Aaron rief: »Sie hat sie! Sie hat sie wieder!«

Ich lief hinunter und sah, wie Emily triumphierend mit einer großen braunen Tasche in der Hand auf die Haustür zukam. »Du hättest sie sehen sollen, Mama! Es war so irre!«

Irre? Jetzt war nicht die Zeit, mir das genauer erklären zu lassen.

John und Katy kamen die Treppe hinuntergerannt. »Wer war es denn? Wer hat sie geklaut?«

»Kent war es. Glen hat das gesagt. Und Emily ist direkt zu ihm nach Hause gegangen und hat geklingelt, und Kents Mutter hat aufgemacht. Es war so irre! Emily hat gesagt: ›Kent hat die Glühbirnen aus unserer Lichterkette gestohlen, und ich will ihn jetzt sofort sprechen.‹ Seiner Mutter ist fast der Unterkiefer runtergefallen, und sie hat ihn gerufen, und sein Vater ist auch gekommen, und sie hat Kent gefragt, ob er unsere Weihnachtslichter gestohlen hat. Er war zu Tode erschrocken und sagte nein, das hätte er nicht getan. Dann ist Emily direkt auf ihn zugegangen und hat ihm ins Gesicht geschrien ›Du hast unsere Lichter gestohlen, und sie müssen jetzt in deinem Zimmer sein, und ich gehe erst wieder weg, wenn du sie mir zurückgegeben hast!‹ Kent hat einen ganz roten Kopf gekriegt, und er ist in sein Zimmer gegangen und hat die Tasche rausgeholt, und seine Eltern haben sich immer wieder entschuldigt, und wenn eine fehlen würde, müßte er sie ersetzen.« Aarons Gesicht leuchtete vor Bewunderung. »Emily war so irre!«

Triumphierend stellte Emily die Tasche auf die Stufen und zog die farbigen Lichter wie lange vermißte Juwelen heraus. »Er fand es so schön, sie gegen die Wand zu schmeißen und zuzugucken, wie sie zersplitterten«, sagte sie voller Verachtung. Dann lächelte sie. »Aber jetzt steckt Kent ganz schön in der Tinte!«

Die anderen Kinder lachten und begannen, die Glühbirnen wieder in die Fassungen zu schrauben. Den ganzen Tag machten sie Witze über Kent, wie blöd er war und wie Emily es ihm gezeigt hatte. Als wir beim Essen saßen, läutete es an der Haustür. Ich machte auf. Vor der Tür stand ein schamroter Kent mit einer Tüte, in der ein paar neue Pakete farbiger Glühbirnen waren. Er gab sie mir und sagte dann, den Blick fest auf den Briefkasten gerichtet: »Es tut mir leid.« Dann rannte er weg.

Sonntagabend hatten die Kinder den Zwischenfall vergessen, aber ich machte mir immer noch Gedanken. Irgendwie schien die ganze Sache noch nicht vorbei zu sein. Sie hing mir nach wie schmutzige Wäsche, die einfach in den Schrank gestopft worden war.

An diesem Abend versammelte ich die Kinder um mich und sagte: »Ich habe heute über Kent nachgedacht und darüber, wie wir mit denen, die uns schlecht behandeln, umgehen müssen.«

»O nein!« schrie Emily, warf ein Kissen auf den Boden und ließ sich darauf fallen. »Ich werde Kent nicht lieben. Mach mich nicht wahnsinnig!«

»Wir sind noch nicht fertig mit ihm.«

»Ich bin fertig mit ihm. Ich will sein blödes Gesicht nie wieder sehen!«

»Wir können nicht mit ihm fertig sein, bevor wir nicht Böses in Gutes verwandelt haben.«

Die Kinder begannen zu lachen. »Heirate ihn doch, Emily«, rief Katy und kicherte. Emily tat so, als wolle sie ihr den Hals umdrehen, und die Jungen johlten.

»Kent verdient nichts Gutes«, sagte Emily. »Er hat nicht nur unsere Glühbirnen gestohlen, er läuft auch noch überall herum und erzählt jedem in der Schule, ich sei in ihn verliebt. Er verdient nichts Gutes!«

»Niemand sagt, man solle Böses mit Gutem vergelten, wenn die Person es verdient«, unterbrach ich sie. »Das ist nicht unsere Aufgabe. Wir müssen es nur tun.«

»Was tun?« fragte Katy argwöhnisch.

»Na ja, darüber müssen wir eben reden. Was können wir für Kent tun?«

»Du meinst, ihm antun?« beharrte Emily und boxte auf das Kissen.

»Irgend etwas Nettes oder so was?« fragte Aaron ungläubig.

Ich nickte.

»Du spinnst«, sagte Emily. »Das ist das Blödeste, was ich jemals gehört habe.«

John gefiel der Gedanke. »Nein, wart mal. Wir könnten ihm etwas aus unserer Überraschungsgeschenk-Kasse kaufen.«

»Kommt nicht in Frage«, sagte Emily. »Das ist für die Leute, die Probleme haben und denen wir helfen wollen.«

John wurde richtig enthusiastisch. »Kent hat unsere Glühbirnen gestohlen; natürlich hat er ein Problem. Ich schlage vor, wir lassen ihm ein Geschenk zukommen und schmuggeln es ein, dann wird er nie erfahren, woher es kommt. Wahrscheinlich wird er verrückt darüber!«

O nein! Liebet Eure Feinde . . . macht sie verrückt! Hatte unsere Regierung auch so etwas bedacht?

Schließlich stimmten die Kinder zu. Wir nahmen fünf Dollar aus unserem Keramiksparschwein und gaben sie John. Er sollte am nächsten Tag dafür etwas kaufen.

Am nächsten Abend halfen alle Kinder, den farbigen Knetgummi, den John gekauft hatte, einzupacken. Wir schrieben eine Karte dazu, auf der stand »Für Kent von Menschen, die ihn lieben«. Emily hatte das »lieben« ausradiert und statt dessen »mögen« eingesetzt, aber wir änderten das wieder um. Als es dunkel war, rannten sie alle aus dem Haus, befahlen einander, leise zu sein, und fünf Minuten später kamen sie kichernd zurückgerannt.

»Toll, Kinder!« sagte ich zu ihnen. »Das war wirklich irre!«

In den nächsten Wochen hörte und sah ich nicht besonders viel von Kent, aber kürzlich passierte etwas Wundervolles. Das Telefon klingelte, und als ich abhob, sagte eine angenehme Stimme zu mir: »Mrs. Pearson? Hier ist Kent. Ich habe mir überlegt . . . Ich arbeite jetzt in der Bücherei, und man will hier ein paar alte Bücher loswerden, und ich habe da ein Reimwörterbuch herausgeholt, und da fiel mir ein, daß Sie Schriftstellerin sind, und vielleicht möchten Sie es ja haben. Es fehlt nur eine einzige Seite, und wenn Sie möchten, bringe ich es Ihnen schnell vorbei.«

»Toll, Kent, vielen Dank. Das ist sehr nett von Dir. Ich hätte es schrecklich gerne.«

Stolz stand Kent vor der Haustür und hielt mir das Buch entgegen. »Es fehlt nur eine einzige Seite«, sagte er.

Ich bat ihn, hereinzukommen. Wir setzten uns ein paar Minuten an den erleuchteten Weihnachtsbaum, und ich fragte ihn, wie es ihm ginge. Gut, sagte er, er finge bald mit dem College an, und er wolle Elektronikingenieur werden und würde hart dafür arbeiten.

Ich lächelte den ganzen restlichen Nachmittag vor mich hin. Das war bestimmt der richtige Beruf für Kent. Das war doch wirklich irre!

Manchmal fällt es einem leichter, ein Kind aus der Nachbarschaft zu lieben als das eigene. Und es ist ganz bestimmt leichter, die Äthiopier zu lieben, für die man nur einen Scheck in einen Umschlag stecken braucht, als die Menschen zu lieben, die ihre schmutzige Wäsche auf dem Klavierhocker liegen lassen, die dich zu spät kommen lassen, weil sie sich nicht rechtzeitig am Auto einfinden, und die manchmal den Klodeckel nicht wieder herunterklappen, und du benutzt die Toilette nach ihnen. Ich glaube, die Familie ist Gottes cleverste Methode, uns unsere Lektionen lernen zu lassen, wobei die Klassen klein genug sind, damit wir auch wirklich etwas lernen.

Meine Kinder haben sich daran gewöhnt, daß fremde Leute bei uns auf der Couch sitzen, wenn sie von der Schule nach Hause kommen, und wenn es eine erschöpfte Frau ist und vielleicht ein paar Kinder, wissen sie, daß wir wieder einmal ein paar Tage lang eine geschlagene Frau beherbergen, hier in der Sicherheit unseres Hauses, während Vorkehrungen getroffen werden, damit sie aus der gewaltsamen Atmosphäre ihres eigenen Zuhauses herauskommen kann. Da war Ellen, noch mit Flecken auf dem Kleid, weil ihr Mann mit Orangen nach ihr geworfen hatte. Da war die nette schwarze Großmutter mit den drei Kindern, die mitangesehen hatten, wie der Vater der Kinder ihre Mutter umbrachte. Mein erster Impuls war, meinen Kindern die Ohren zuzuhalten, damit sie niemals erfuhren, daß Männer ihre Frauen umbringen.

Die Welt ist ein Schlachtfeld, und zu oft ist das Zuhause eher ein Kriegsschauplatz als eine sichere Zuflucht, ein warmer Ort, an den wir uns alle flüchten und neue Kraft schöpfen können. Gewalt in der Familie ist immer wieder ein Thema in den Zeitungen. Ist sie das Ergebnis oder die Ursache für die Gewalt, die überall sonst herrscht?

Glücklicherweise brauche ich mir über Gewalt in meinem Haus keine Sorgen zu machen, ich muß nur manchmal eingreifen.

Wenn zwei Kinder sich streiten, schicke ich sie immer in die Garage oder ins Badezimmer, damit sie sich einigen und sich besser benehmen. Das funktioniert ziemlich gut. Als Katy noch sehr klein war, sah ich sie einmal vor der Badezimmertür sitzen, hinter der ein klagendes Miauen zu hören war.

»Was ist los?« fragte ich.

»Juliet ist im Badezimmer. Sie überlegt.«

Der größte Nachteil dieser Methode ist das Problem, was die Mutter tun soll, wenn sie die Ursache des Ärgers ist. Es gibt zahlreiche solcher Gelegenheiten — und meine Kinder werden nicht müde, sie mir vorzuhalten —, bei denen eigentlich die Mutter in die Garage geschickt werden müßte. Ich kann den Kindern vorsingen »Frieden soll auf Erden sein, und er soll bei mir anfangen«, aber ich kann auch innerhalb einer Stunde alle guten Vorsätze wieder über Bord werfen.

Ich erinnere mich an einen Zwischenfall, der mir die Schamröte ins Gesicht treibt. Ironischerweise ereignete er sich während der Premiere von *Peace Child*, eines Musicals. Ich hatte gelesen, daß sie noch Mitwirkende suchten, und hielt das für eine wundervolle Gelegenheit, den Kindern das Gefühl zu geben, daß wir nicht hilflos seien und gemeinsam etwas für den Weltfrieden tun könnten. Emily und Aaron hatten gerade in einem Stück mitgespielt, aber John und Katy hatten Interesse und wurden angenommen. In dem Stück wird die Geschichte eines amerikanischen Jungen und eines russischen Mädchens erzählt, die Freunde werden und nach und nach auch ihren Präsidenten helfen, Freunde zu werden. Jemand vom Spielkomitee hatte meinen Gedichtband gelesen und bat mich, zu Beginn des Abends eins meiner Gedichte über den Frieden vorzutragen.

Bevor wir das Haus verließen, um zur ersten Aufführung zu fahren, gab ich John und Katy je einen Strauß weißer Gänseblümchen und eine Karte, in der ich sie dazu beglückwünschte, daß sie Friedenskinder waren, und in der ich ihnen viel Frieden und Freude wünschte.

Und dann verdarb ich alles.

Alle Teilnehmer sollten schwarze Gymnastikschuhe tragen. Ich hatte Katy welche für 6.95 Dollar gekauft, aber für Johns große Füße gab es nur welche für 17.95 Dollar. Ich wollte eigentlich nicht soviel Geld ausgeben für Schuhe, die nur für die Aufführung bestimmt waren, aber ich wollte auch nicht, daß

John sich benachteiligt fühlte; er sosllte sich wie ein erstklassiges Friedenskind vorkommen, deshalb gab ich die 17.95 Dollar aus.

Ich tuschte mir gerade die Wimpern, als John an der Tür zu meinem Schlafzimmer erschien.

»Mama? Wo hast du meine Schuhe hingetan?«

Langsam senkte ich den Maskarastift und ein seltsames Gefühl begann sich in meinem Magen auszubreiten. »Wo habe *ich* deine Schuhe hingetan?«

»Du hast sie doch gestern abend aus dem Auto mit hereingebracht . . .«

Langsam drehte ich mich und sah meinen Sohn an.

». . . hast du das nicht getan?«

Ich schüttelte den Kopf und formte ein »nein« mit den Lippen.

»Ach«, sagte er, »dann werden sie wohl noch im Auto sein. Ich hole sie.«

»John.« Ich bemühte mich, ruhig und leise zu sprechen, mit einer Stimme, die die Kinder hassen, weil sie wissen, was dahinter steckt. »Das Auto ist nicht da. Emily ist heute abend damit weggefahren. Wir fahren in Kathleens Kombi mit. Das Auto ist nicht da!«

»Wo ist Emily denn hingefahren? Ich ruf' sie an.«

Meine Stimme wurde etwas lauter. »Sie ist mit Suzie ins Kino gefahren. Ich weiß nicht, in welchen Film. Deine schwarzen Schuhe werden den ganzen Abend über auf dem Rücksitz des Autos liegen, und du wirst an der Aufführung ohne deine schwarzen Schuhe teilnehmen müssen!«

»Schrei mich nicht so an, Mama. Das ist schließlich nicht meine Schuld. Ich wußte ja nicht, daß Emily heute abend mit dem Auto wegfährt. Außerdem hab' ich gedacht, du bringst die Schuhe mit herein.«

»Warum sollte *ich* deine Schuhe mit reinbringen?« Meine Stimme wurde immer lauter. Konfuzius hat einmal gesagt, das höchste Ziel sei es, ruhig zu bleiben, ruhig unter allen Umständen. Aber war Konfuzius je eine Mutter gewesen? »Mein Sohn hat sich wieder einmal nicht um seine Sachen gekümmert! Wieder einmal haben wir Probleme, weil mein Sohn nicht nachgedacht hat. Ich kann mich nicht um alles kümmern! Deine Schuhe sind nicht meine Angelegenheit, John! Du machst mich rasend!«

»Schon gut, es tut mir leid«, schrie er. Ich schrie zurück. Und so brüllten wir beide ein paar Minuten lang. In einer Stunde mußte ich in meinem weißen Kleid unter den Scheinwerfern auf der Bühne stehen und sagen: »Laßt mich der Regierung ein Schlaflied singen ... Laßt uns vom Frieden singen.« Und in einer Stunde mußte John mit sechzig anderen netten jungen Leuten auf der Bühne stehen und singen: »Ich möchte Liebe, ich möchte Frieden.« Und jetzt brüllten wir einander an!

Kathleens Kombi hupte draußen, und wir liefen die Treppe hinunter. Auf dem Weg zur Haustür sah ich Johns weiße Gänseblümchen auf dem Klavierschemel liegen. »Na«, sagte ich, »schade, daß mal wieder niemand daran gedacht hat, die Gänseblümchen ins Wasser zu stellen.«

»Mama!« Johns Stimme klang verletzt.

Hatte ich das gesagt? Hatte ich so etwas Niederträchtiges gesagt? Ich hätte mir am liebsten die Zunge abgebissen, aber die Worte waren ausgesprochen und schwebten in der Luft wie welke Blütenblätter.

Schweigend fuhren wir zum Theater, abgesehen von meinen Konversationsversuchen mit Kathleen. Der Schein muß gewahrt werden. Konversation. Kostüme. Schuhe.

Im Theater wurde beschlossen, daß John nur schwarze Strümpfe tragen sollte. Keiner würde etwas merken. Keine große Sache. Ich stand in den Kulissen und wartete darauf, daß das Publikum leise wurde, die Lichter ausgingen und der Regisseur mir das Zeichen für meinen Auftritt gab. Ich fühlte mich elend. Was war ich doch für eine Heuchlerin! Ich konnte nicht auf die Bühne treten und ein Friedensgedicht vortragen. Ein paar Schritte von mir entfernt stand John in weißen Hosen, weißem Hemd, weißer Krawatte, einer bunten Schärpe und einem Blumenkranz auf dem Kopf, der Frieden symbolisieren sollte. Ich hätte es selbst von hier aus nicht gesehen, daß er schwarze Strümpfe und keine Schuhe trug. Dort stand mein einsfünfundachtzig großer Sechzehnjähriger, halb Mann, halb Junge, und wartete gespannt darauf, daß er an der Reihe war, auf die Bühne treten und vom Frieden singen konnte.

Ich ging zu ihm und legte ihm den Arm um die Schultern. »John«, flüsterte ich ihm ins Ohr, »ich habe heute abend den Frieden ruiniert, und es tut mir leid. Entschuldige, daß ich dich angeschrien habe, John.«

»Danke, Mama. Tut mir leid, daß ich dich angeschrien habe.«

»Toi, toi, toi, John. Ich liebe dich.«

»Ich hab' dich auch lieb, Mama.«

In Ordnung. Ich war in der Garage gewesen und hatte besseres Benehmen gelobt. Jetzt konnte ich auftreten. Der Regisseur gab mir ein Zeichen, und ich trat ins Scheinwerferlicht und rezitierte mein Friedensgedicht, jetzt, wo ich Frieden mit mir geschlossen hatte.

7.

Der Tag, an dem unser Schiff einlief und sank

Es ist mir peinlich, dieses Kapitel zu schreiben. Richtig peinlich. Mir ist allerdings gerade eingefallen, daß meine Freundin Jeanie und ihr Mann, die in Gilroy, der Knoblauchhauptstadt, eine ganze Menge Geld verloren haben, als sie, überredet von einem guten Kirchenmitglied mit viel Charisma, der alle Kaninchenzüchter reich machen wollte, in Kaninchen investiert haben. Jeanie und ihr Mann gaben 25.000 Dollar aus für fünfundzwanzig Kaninchen, Ausrüstung, Futter und eine Garantie, daß es eine lange Warteliste von Leuten gäbe, die wild auf Kaninchenfelle seien. Das motivierte natürlich die ganze Familie, noch vor dem Frühstück in den Schuppen zu gehen, die Kaninchen zu füttern, die Ställe zu säubern und die Tiere zur Kopulation anzuregen. Der einzige jedoch, der dabei reich wurde, war der Mann, der sich das Geschäft ausgedacht hatte. Meine Freundin Jeanie und ihr Mann traf, wie nicht anders zu erwarten, nur fast der Schlag, denn auf einmal saßen sie mit zweihundertfünfzig Kaninchen und der ganzen Ausrüstung da, und von den zahlreichen reichen Leuten, die ganz wild auf Kaninchenfelle waren, waren nur noch eine Handvoll übrig geblieben. (Was sollten sie mit zweihundertfünfzig Kaninchen tun, wenn die reichen Leute sie nicht mehr haben wollten?) Jeanie kannte jemanden, der in diesem Kaninchengeschäft 100.000 Dollar verloren hatte, und eine andere Familie hatte sogar ihr Haus verkaufen müssen, also konnten sie sich noch glücklich schätzen.

Und ich weiß auch, daß die meisten Familien in diesem Land zumindest schon einmal mit dem Gedanken gespielt haben, mit irgendeiner Methode schnell reich zu werden; mit Haarwuchsprodukten oder -vitaminen, Kettenbriefen, einarmigen Banditen in Las Vegas, Lotterielosen. Und manchmal hat einer sogar eine Million damit gemacht.

Jetzt ist es mir nicht mehr ganz so peinlich. Ich werde Ihnen die Geschichte erzählen.

Hank wollte uns reich machen. Er wollte die brillante Zukunft unserer Kinder vor jeder Unwägbarkeit absichern . . . sobald er aus dem Gefängnis entlassen wurde. Das hätte uns mißtrauisch machen sollen, aber wir waren unschuldig, optimistisch und rechtschaffen, und wir wollten weiterkommen. Außerdem war Hank während seines Gefängnisaufenthalts zu unserer Kirche konvertiert.

Es war Jahre, bevor Gerald starb und wir alle nach Kalifornien zogen. Gerald hatte Hank im Staatsgefängnis von Utah kennengelernt. Er ging dort jeden Mittwochabend im Auftrag der Kirche hin und hielt lehrreiche Kurse. Eines Abends, als Gerald sich an der Hintertür den Schnee von den Schuhen klopfte, sah er mich an und sagte lachend zu mir: »Blossom, ich muß dir was erzählen. In meiner Gruppe im Gefängnis ist ein verrückter Häftling, ein phantastisches, wunderbares Genie.«

»Hm. Weswegen sitzt er?«

»Justizirrtum. Man hat ihn reingelegt.«

»Klar.«

Und dann erzählte Gerald mir von Hans Farr, einem neuen Häftling, der erst kürzlich von einem kalifornischen Gefängnis nach Utah verlegt worden war und der behauptete, er sei zu Unrecht verurteilt worden; in Wirklichkeit seien die Leute von der Con Edison nur hinter seinem riesigen geothermischen Besitz her. Der eigentliche Anlaß zu seiner Verurteilung waren ungedeckte Schecks gewesen, und Hank behauptete, das sei von seinen Feinden so eingefädelt worden, um ihn hinter Gitter zu bringen. Hank war Millionär, jedenfalls auf dem Papier, er hatte in seinen besten Zeiten Millionen gemacht und verloren, und sobald er aus dem Gefängnis herauskäme, würde er sich wieder an die Spitze arbeiten, wo er hingehörte. Ich lernte ihn ein paar Wochen später kennen, als ich auf der Weihnachtsfeier im Gefängnis ein paar meiner Gedichte vorlas.

Emily, John und Aaron, damals im Alter von vier bis sieben, kamen mit uns. Mit großen Augen gingen sie durch die schwer bewachten Sicherheitstüren, die das Gefängnis von der Außenwelt abschirmten. Es waren auch noch andere Kinder dort; viele Freiwillige hatten den Mut gehabt, ihre Kinder mit zu der Feier zu bringen. Den ganzen Tag über hatte John schon vor seinen Freunden damit angegeben, er sei so böse gewesen, daß er ins Gefängnis müsse. »Hä, hä«, sagten sie ungläubig.

»Hä, hä«, antwortete er. »Ich schwöre, und ich will tot umfallen, ich gehe ins Gefängnis!«

Auf dem Weg dorthin hatte ich gesagt: »John und Emily, daß ihr mir bloß nicht die Männer fragt, warum sie im Gefängnis sitzen. Das ist unhöflich!«

Meine Lesung fand in der kleinen Gefängniskapelle statt, die nur mit einem mickrigen Weihnachtsbaum mit kleinen Silberkugeln geschmückt war. Ich konnte meine Augen kaum von dem Mann abwenden, der Hank sein mußte, obwohl Gerald ihn mir nicht gezeigt hatte. Nur einer von den vielleicht fünfundzwanzig Männern, die in ihrer grünen Anstaltskleidung vor mir saßen, sah so aus, als könnte er Millionen verdient und wieder verloren haben. Er war im Sitzen so groß wie manche Männer im Stehen, hager, mit einem zerfurchten Gesicht, schütterem, braunen, zurückgekämmten Haar und intensiven blauen Augen, die mich unter starken Brauen anstarrten. Er war ein Ausbund an Energie und schaukelte die ganze

Zeit über rhythmisch vor und zurück wie ein eingesperrtes Tier, das sich darauf vorbereitet, aus dem Käfig zu springen, wenn die Gitter in vier Monaten geöffnet werden.

»Das war phan-ta-stisch!« dröhnte Hank nach der Lesung und schüttelte mir begeistert die Hand. »Phan-ta-stisch!« Seine Stimme war rauh und so tief wie die Stimme Gottes bei der Verkündung der Zehn Gebote, wenn auch vielleicht nicht ganz so göttlich. Die tiefen Falten in seinem Gesicht formten sich zu einem breiten Grinsen. »Ich wollte Sie schon lange kennenlernen. Sie sind genauso, wie Gerald erzählt hat, sogar noch besser. Und die Kinder!« Er betrachtete unsere Kinder, die sich nahe bei den Plätzchentellern aufhielten. »Wie die Engel! Ich kann Ihnen gar nicht sagen, was es für mich bedeutet, daß Gerald hierher kommt. Wissen Sie eigentlich, was er für ein phan-ta-stischer Mann ist?«

»Natürlich.«

Hank lachte laut, als hätte ich etwas Witziges gesagt, und schlug Gerald auf die Schulter. »Ha-ha! Hat Gerald Ihnen von unseren Plänen erzählt?«

»Nein.«

»Na ja, kleine Lady, dann setzen Sie sich besser erst mal.« Er nahm mich am Ellbogen und führte mich zu einem Sessel. Dann setzte er sich neben mich und bot mir ein Glas heißen Apfelwein an. Gerald gesellte sich zu uns, er amüsierte sich offensichtlich über Hanks Bewunderung für mich.

»Verdammt, ich vermisse den Alkohol«, sagte Hank, »aber wahrscheinlich werde ich mich daran gewöhnen müssen. Ich werde den Mormonen beitreten, wissen Sie.«

»Ich hab's schon gehört. Herzlichen Glückwunsch.«

»Ich glaube, Gott hat mich hierher geschickt, damit ich die Wahrheit erkenne. Und damit ich Gerald kennenlernen konnte. Gerald hat mir geholfen, und ich werde ihm helfen. Wenn ich erst mal hier raus bin, habe ich eine ganze Menge Geschäfte abzuwickeln. Und Gerald wird mein Partner sein. In einem

Jahr sind Sie beide so reich, daß Sie nicht wissen, wie Sie das ganze Geld ausgeben sollen. Und alles wird den süßen kleinen Engeln da drüben gehören.«

Auf dem Nachhauseweg löcherte ich Gerald. »Was weißt du eigentlich von dem Mann? Ist er ein Betrüger? Oder verrückt? Woher weißt du denn, ob er uns nicht reinlegt? Schließlich sitzt er im Gefängnis! Das ist nicht gerade die beste Empfehlung für einen Geschäftspartner!«

»Du hast recht. Milt, der Mann, der die Sänger heute abend dirigiert hat, hat Nachforschungen über ihn angestellt. Hank will, daß Milt sich auch an dem Geschäft beteiligt. Milt hat eng mit dem FBI zusammengearbeitet, und die haben alles, was Hank ihm erzählt hat, überprüft.«

»Ich glaube nicht, daß jemand all diese wilden Geschichten nachvollziehen kann — daß er ein Top-Geschäftsmann an der Wall Street war, daß er Kurier von Papst Paul war, daß König Hussein ihn als persönlichen Public-Relations-Manager haben wollte, daß Nasser ihm einen lebenslangen Vertrag gegeben hat, daß er mit Billy Graham befreundet ist. Und wenn er doch nur ein Betrüger ist und alles erfunden hat?«

Gerald lächelte. »Dann werden wir eines Tages herzlich darüber lachen, oder?«

Reich werden. Ich hatte nie viel darüber nachgedacht. Natürlich hatte ich davon geträumt, daß ich eines Tages etwas schreiben würde, das uns reich und berühmt machen würde, aber eigentlich waren das nur so Tagträume gewesen. In der Zwischenzeit waren meine Bücher, Filme und Artikel unsere Haupteinnahmequelle. Ich engagierte Lynn Ann, eine College-Studentin aus Montana, damit sie morgens drei Stunden lang die Kinder betreute und ich in mein Zimmer über der Garage gehen und arbeiten konnte.

Am Tag, nachdem Hank entlassen worden war, fuhr er in einer weißen Limousine mit Telefon vor unserem Haus vor und lud uns zum Abendessen in das Vier-Sterne-Restaurant des Hotel Utah ein. Ich hatte vorher noch nie ein Auto mit einem Telefon gesehen, noch weniger eine weiße Limousine, und war ziemlich beeindruckt.

»Richtiges Essen!« Hanks Stimme war schrill vor Entzükken, als er die weiße Leinenserviette auf seinem Schoß ausbreitete und mit dem Essen begann. Dann unterbrach er sich und hob sein Wasserglas. »Auf unseren Herrn Jesus Christus«, sagte er laut. Ich nickte zustimmend, stieß mit Hank an und warf einen verstohlenen Blick auf Gerald. Ein Trinkspruch auf den Herrn entsprach nicht gerade alter Mormonensitte.

Während des Essens schilderte Hank einige der Geschäfte, die er bereits am Laufen hatte. Seit er aus dem Gefängnis entlassen war, hatte er Tag und Nacht am Telefon gehangen. »Sie sind alle noch da. Und sie lieben mich immer noch. Der wilde Hank hat ihnen gefehlt!«

Hanks Spezialität war die Vermittlerrolle zwischen großen Finanziers und großen Gesellschaften. Auf den Bahamas gab es ein Millionen-Dollar-Geschäft mit Hotels. Er hatte die Idee, in allen Supermärkten private Briefkästen aufzustellen. Und er plante ein Filmprojekt, für das ich das Drehbuch schreiben sollte.

»Aber Hank«, protestierte ich, »Sie wissen doch gar nicht, ob ich das kann! Sie haben doch bis jetzt nur ein paar von meinen Gedichten gehört!«

Hank legte seine große Hand auf meine und sah mich beschwörend an. »Kleine Lady, ich habe übersinnliche Kräfte. Fragen Sie mich nicht! Nie! Ein paar von Ihren Gedichten? Sie sind ein Genie! Und das Stück, von dem Sie mir erzählt haben? Nächstes Jahr wird es auf dem Broadway aufgeführt, da gibt es gar keinen Zweifel!«

»Sie haben es ja noch nicht mal gelesen!«

»Das brauche ich auch nicht. Was soll diese negative Energie? Mit negativer Energie kann ich nichts anfangen! Sie müssen an sich glauben! Dann klappt auch alles! Glauben Sie an sich!«

Während wir aufs Dessert warteten, entschuldigte Hank sich. Ich dachte, er wolle zur Toilette gehen. Aber statt dessen ging er zu dem Dirigenten des Orchesters, redete mit ihm und drückte ihm etwas in die Hand. Der Dirigent lächelte und drehte sich zu seinen Musikern, während Hank ans Mikrofon trat.

»Du meine Güte, Gerald«, stöhnte ich, »er wird doch nicht etwa anfangen zu singen? Bitte sag mir, daß das nicht wahr ist!«

Aber er begann zu singen. Er nahm das Mikro in die Hand, wartete die einleitenden Takte ab und näherte seinen Mund dem Mikro. »Old . . . Man . . . River . . . that Old . . . Man . . . River . . .«

»O nein«, flüsterte ich und drückte die Serviette vor meinen Mund. »O nein.«

Ich blickte mich um. Bitte, nicht hier, nicht hier im Hotel Utah! Die Leute an den anderen Tischen blickten auf, sichtlich irritiert, als hätten sie eine Fliege in der Suppe gefunden. Dann blickten sie auf das Orchester. Wer war das? »He just keep rollin' . . . he keeps on rollin' along.« Hank schwebte im siebten Himmel. Seine Stimme war laut und kräftig und aufrichtig, aber leider nicht ganz in Form.

»Gerald«, sagte ich leise, »ich sterbe. Bitte, bring mich hier heraus. Der Mann ist verrückt. Und wenn du irgendwas mit ihm zu tun hast, bist du auch verrückt.«

Gerald schluckte verlegen. »Du hast recht, er ist wirklich verrückt. Aber vielleicht ist er so verrückt wie ein Fuchs. Oder wie Howard Hughes. Vielleicht schafft er ja wirklich all das, was er vorhat. Laß uns abwarten, was in Las Vegas passiert.«

Gerald, Milt und Milts Nichte Bonnie kamen aus Las Vegas zurück, wie Cowboys, die zum ersten Mal in ihrem Leben Wolkenkratzer gesehen haben.

»Er ist in Ordnung, Blossom. Hank ist in Ordnung«, sagte Gerald, als die drei sich auf das Sofa in unserem Wohnzimmer fallen ließen. »Ich hätte es nie geglaubt. Als wir aus dem Flugzeug stiegen, waren wir umringt von Männern aus New York, die gehört hatten, Hank sei wieder da. Sie haben sich beinahe umgebracht, um an ihn ranzukommen.«

»Wirklich?« Ich war völlig erstaunt. »Ich hätte gedacht, er ist verrückt.«

Die drei lachten. »Das ist er, da gibt's gar keinen Zweifel«, sagte Milt, »aber er ist in Ordnung!«

Bonnie, eine schlanke, hübsche, zwanzigjährige Blondine, beugte sich vor und sagte hastig: »Carol Lynn, ich hab' mit einem von den Männern gesprochen. ›Wissen Sie, mit wem Sie da zusammen sind?‹ hat er mich gefragt. ›Anscheinend nicht‹, sagte ich. ›Wer ist er denn?‹ Er hat mir erzählt, daß Hank noch vor ein paar Jahren eines der Finanzgenies des Landes gewesen sei, daß er ein riesiges Vermögen angesammelt und dann wieder verloren hätte, weil er zu gutmütig war.«

Emily und John hatten ihren Vater gehört, kamen in das Zimmer gelaufen und warfen sich Gerald in die Arme. Er drückte sie an sich und legte seine Arme um sie. Bonnie erzählte weiter.

»Er hat außerdem gesagt, Hank sei durch und durch ein Millionär.«

»Millionär?« Emily und John horchten auf. »Millionär« kannten sie. Sie gebrauchten den Titel wie »Filmstar«, »Astronaut«, »König«, »Königin« oder »Profi-Baseballspieler« und »Zauberer«.

»Wer ist Millionär?« flüsterte Emily ihrem Vater zu.

»Sag' ich dir später«, flüsterte er zurück.

»Jedenfalls«, fuhr Bonnie fort, »sagte mir dieser Mann, daß Hank in New York drei Limousinen hätte, die an drei verschiedenen Ausgängen des Hotels, in dem er abstieg, warteten, weil er nicht wußte, wann und in welche Richtung er fahren mußte, wenn er einen Geschäftsabschluß vorhatte, und er wollte keine Zeit verlieren, weil Zeit Geld ist.«

»Erzähl ihr von Frank Sinatra«, sagte Gerald.

Bonnie sank zurück auf die Couch und schloß einen Augenblick lang die Augen. »Diesen Abend werde ich mein Leben lang nicht vergessen.« Dann rutschte sie wieder nach vorne und redete fast noch schneller als vorher, wobei sie die ganze Zeit über theatralisch gestikulierte. »Hank hatte uns gesagt, er kennt Frank Sinatra, und Frank würde nach der Show auf uns warten. Wir gingen also zu der Show und bekamen einen Tisch direkt an der Bühne. Als Sinatra auf die Bühne kam und anfing zu singen, da — du wirst es nicht glauben — sah er Hank und hörte auf zu singen!«

Ich lachte. »Du machst Witze!«

»Er hörte auf zu singen, begrüßte Hank, sagte, wie toll es sei, ihn endlich wieder einmal zu sehen, und dann hat er sein Lied so umgeändert, daß es ein Lied an Hank war!«

»Kannst du das glauben, Blossom?« Gerald grinste. »Das ist unsere große Chance«, fügte er dann todernst hinzu, »die Chance für uns alle. Hank hat die richtigen Verbindungen, er ist ein Genie, und er hat Energie.«

»Ist er auch geistig gesund?« fragte ich.

»Das sind wir für ihn. Er hat keine Familie. Wir werden seine Familie sein. Ob Hank es wieder bis an die Spitze schafft, wird zu einem guten Teil auch von uns abhängen. Und wenn er es schafft, teilen wir seinen Erfolg.«

»Wenn all diese Leute so begeistert davon sind, Hank wieder zurückzuhaben, warum in alles in der Welt will er dann unbedingt in Utah bleiben?«

»Er hat die Nase voll von all den Ratten. Er will mit aufrichtigen Menschen zusammensein. Er mag uns. Er vertraut uns. Er braucht uns. Und vergiß nicht, in ein paar Monaten, sobald Hank mit dem Trinken aufhören kann, wird er getauft.«

Wir quartierten Hank in das Appartement im Souterrain ein, und er wirbelte unser Leben völlig durcheinander. Innerhalb von ein paar Wochen hatte Hank mit siebentausend Dollar Startkapital, die Milt investiert hatte, die Küche im Souterrain in ein Büro verwandelt, eine Sekretärin eingestellt, zwei Telefonanlagen installiert und zwei Firmen gegründet. Auf den Schildern stand »Corporate Relations Limited« und »Funding Corporation of America«.

»Sieht das nicht ein bißchen komisch aus?« fragte ich Gerald. »›Die Funding Corporation of America‹ hier bei uns in Provo, Utah?«

»Was macht das schon?« Gerald lachte. »Was ist schon ein Name?«

Lynn Ann hielt uns für verrückt. Sie war als Aushilfe eingestellt worden, war aber bald schon mehr eine Freundin geworden und fühlte sich deshalb dazu berufen, über alles ihre Meinung abzugeben, von den Manieren der Kinder über Waschmittel-Marken bis hin zu den seltsamen Vorgängen im Keller.

»Der Mann spinnt!« teilte sie mir mit, als ich am dritten Tag nach Hanks Einzug zum Mittagessen herunterkam. »Weißt du, was er da unten in den Schränken hat? Schokoriegel! Hunderte von Kitkats, und er teilt sie laufend an die Kinder aus. Sie halten ihn für den Nikolaus. Ich glaub' wirklich, er spinnt, und mich scheucht er immer herum, als sei ich sein privates Hausmädchen. Hast du die Tapete gesehen, die ich gestern in seinem Schlafzimmer ankleben mußte?«

»Ein bißchen geschmacklos, was?«

»Drei Wände golden wie ein Puff und auf einer Wand eine Landschaft mit dem Parthenon! Weißt du, was Gerald jetzt für ihn bauen muß?«

»Was?«

»Einen Nierentisch an sein Riesenbett für seine Telefone und Akten und so, damit er seine Geschäfte vom Bett aus erledigen kann und nie aufstehen muß! Ständig hängt er am Telefon, weil angeblich die Leute in Europa und im Mittleren Osten arbeiten, wenn es bei uns mitten in der Nacht ist! Wer bezahlt das eigentlich alles? Ich möchte nicht, daß ihr reingelegt werdet!« Sie machte eine Pause und sagte dann sehnsüchtig: »Er hat mich gefragt, was ich tun würde, wenn ich eine Million Dollars hätte, und ich hab' gesagt, ich würde eine Privatschule bauen, wo Kinder wirklich was lernen, und er hat geantwortet, sobald alles ans Laufen kommt, baut er sie für mich. Glaubst du . . . er würde das wirklich tun?«

Eines Nachmittags fuhr Hank laut hupend in einem brandneuen Camper vor. Die Kinder verzichteten auf *Sesamstraße* und rannten auf die Straße. »Wow! Hank, gehört der dir?«

Stolz stand er neben dem glänzenden, blauen Wohnmobil mit Holzleisten und hielt die Tür auf. »Nö, nicht mir, Euch!«

»Der gehört uns?« schrien die Kinder und machten Luftsprünge vor Freude.

»Zumindest in ein oder zwei Wochen, sobald eins von unseren Geschäften geklappt hat. Das ist heute nur eine Probefahrt. Kommt, kommt, klettert rein, worauf wartet ihr noch?«

Andächtiger, als sie es jemals in der Kirche waren, kletterten die Kinder in das Wohnmobil. Ich folgte ihnen.

»Ohhhh!«

»Guck mal, Samt!«

»Ein Spülbecken! Schränke! Ein Teppich!«

»Fernsehen!«

Das letzte war zu viel für die Kinder. Sie überschrien sich gegenseitig und fielen sich in die Arme. Emily sah Hank voller Staunen an. »Gehört der wirklich uns?«

Hank nahm Emily in den einen und die beiden Jungen in den anderen Arm. Er war begeisterter und entzückter als an dem Abend im Restaurant, als er *Old Man River* gesungen hatte. Es war rührend zu sehen, wie er meine Kinder umarmte. Wenn jeder Wall Street Banker, jeder Präsident, jeder General einmal am Tag ein Kind umarmen würde, dann wäre die Welt besser, das wußte ich. Das war es, was Hank brauchte, und plötzlich hoffte ich mehr denn je zuvor, daß er Erfolg haben würde, nicht für uns, auch nicht für die Kinder, sondern ganz einfach für ihn.

Hank seufzte, als er die Kinder an sich drückte, und dann sagte er: »Gott schütze euch!« Dann brach er in sein dröhnendes Gelächter aus. »Bald. Bald gehört es euch. Und das ist nur der Anfang. Bis jetzt habt ihr noch gar nichts mitbekommen. Ihr Kinder werdet alles haben. Aber jetzt muß ich den Camper zum Händler zurückbringen, sonst meldet er ihn als vermißt. Raus mit euch!«

Die Kinder winkten Hank lächelnd hinterher, als er mit ihrer Zukunft, ihrem Vermögen, die Straße hinunterfuhr, dann auf die Center Street einbog und im Sonnenuntergang verschwand. Unbehagen stieg in mir auf, als ich ihm nachsah. War es eigentlich moralisch, so schnell und leicht reich zu werden? Ich hatte meinen Kindern beigebracht, daß der einzige Weg zu Reichtum über harte Arbeit führte. Aber andere Leute hatten plötzlich Glück und wurden so reich. War das eine Sünde? Wollte Gott, daß Leute reich wurden? Manchmal (nicht immer, aber manchmal), wenn Leute ganz schrecklich rechtschaffen waren, ließ Gott sie reich werden. Und alles hatte damit angefangen, daß Gerald gute Arbeit im Gefängnis geleistet hatte. Darin steckte eine gewisse Logik, eine poetische Gerechtigkeit. Und natürlich, wenn wir reich werden würden, würden wir diesen Reichtum gut nutzen. Natürlich würden wir das. Ich machte im Geiste schon eine lange Liste wundervoller karitativer Werke, die ich als reiche Frau zu tun gedachte: den Armen zu essen geben, anonym Geschenke in die Dachstuben hungernder Dichter schicken, meine Geschwister auf eine griechische Insel einladen und für Gerald diese teure Lederjacke kaufen, auf die er ein Auge geworfen hatte. Na ja, Mildtätigkeit beginnt schließlich in der eigenen Familie.

Und ich, ich brauchte Erholung. Ich hatte so viel gearbeitet, und es war ein sehr, sehr schwieriges Jahr gewesen: mein Vater war gerade gestorben, Gerald und ich hatten Probleme, wir hatten gerade eine Menge Geld bei der Produktion von zwei Schallplattenalben verloren, und ich hatte erst kürzlich gemerkt, daß ich mit dem vierten Kind schwanger war. Es wäre nur gerecht, wenn Gott mir eine Erholungspause gewähren würde, zumindest eine über Hank.

Einen Monat später war Gerald mit Hank auf den Bahamas. Dort führten sie Geschäftsverhandlungen mit Charles, einem von Hanks Freunden, der Mitglied des dortigen Parlaments war. Das bedeutete, daß ich mit den Männern aus Los Angeles sprechen mußte, die zu uns nach Hause kamen, um die 15.000 Dollar einzukassieren, die Hank ihnen für die Inanspruchnahme ihres privaten Jet-Services schuldete. Ich mußte auch mit der Telefongesellschaft sprechen, die 6.000 Dollar Telefongebühren haben wollte, und mit der Gesellschaft, die für die beiden IBM-Schreibmaschinen noch kein Geld erhalten hatte. Ich mußte die 175 Dollar für die Sekretärin in der Souterrainküche bezahlen, die hundert Mal am Tag ins Telefon sagte »Funding Corporation of America. Nein, Mr. Farr ist zur Zeit nicht im Haus. Kann ich ihm etwas ausrichten?« (Ich konnte sie schließlich nicht für alles büßen lassen; sie tat nur ihre Arbeit und konnte erwarten, dafür bezahlt zu werden.)

»Gerald, sagte ich, als er endlich anrief, »es ist total verrückt. Er hat Hunderte von Geschäften angeleiert, aber bis jetzt haben wir davon noch keinen Pfennig gesehen! Ich bin fix und fertig!«

»Aber es tut sich doch was, Blossom, es tut sich doch endlich was. Charles überweist zwölftausend Dollar auf unsere Bank, um unsere Unkosten zu decken. Und meine Idee eines Karibischen Kulturzentrums wie das Polynesische Kulturzentrum auf Hawaii findet er toll. Ich werde das Programm dafür ganz allein auf die Beine stellen. Hank fliegt heute abend nach Frankreich, um mit seinem Freund Dennis Edmunds-Hills zu reden. Er ist einer der reichsten Männer Europas und will hundert Millionen Dollar in unser Projekt investieren. Laß dich nicht entmutigen. »Wie geht's dir denn?«

»Gerald, ich habe noch sechs Dollar in meinem Portemonnaie, dreißig Dollar auf der Bank, und ich habe diesen Monat noch keine einzige Rechnung bezahlt. Meine Schreibmaschine ist kaputt. Ich muß mit der Hand schreiben . . .«

»Hab nur noch ein bißchen Geduld. Ich denke schon, daß es jetzt klappt. Man muß eben was riskieren, sonst kommt man nie zu was.«

»Ich habe Angst davor, morgens aufzuwachen. Lynn Ann hat seit zwei Wochen kein Geld mehr bekommen . . .«

»Hör mal, du hast mich damals für verrückt erklärt, als ich zweitausend Dollar aufgenommen habe, um dein erstes Buch herausbringen zu können, aber wo wären wir, wenn wir das nicht getan hätten? Du mußt den Traum weiterträumen!«

»Der Wäschetrockner ist auch kaputt. Und die Kinder fragen, wann sie endlich das Wohnmobil bekommen . . .«

»Du mußt etwas wagen, du mußt nach den Sternen greifen. Verlier nicht den Mut. Ich bin in drei Tagen wieder zu Hause.«

Hank flog von den Bahamas nach Paris, und Gerald flog nach Hause. Hoffnungsvoll warteten wir auf eine Nachricht, und wir bemühten uns, die negative Energie zu zerstreuen, indem wir fest an Hanks Erfolg glaubten und dafür beteten. Wir versuchten auch, Milt zu trösten, der sich langsam Sorgen machte, ob er wohl seine siebentausend Dollar jemals wiedersehen würde. Wir sagten den Leuten von Rolls Royce, sie sollten noch mit der Auslieferung des Autos, das Hank bestellt hatte, warten, und wir versuchten, die Telefongesellschaft zu besänftigen. Lynn Ann erinnert sich noch lebhaft an diese Zeit: ich saß in dem verzweifelten Versuch, nicht verrückt zu werden, in der Küche mit einer Schürze über meinem dicken

Bauch, machte Vollkorn-Bananencremetörtchen und schlug mit den Füßen den Takt zu einem kleinen Lied, das ich geschrieben hatte »Jeder sollte einen Körper haben«. Zwei Wochen, nachdem Hank nach Europa geflogen war, kam ein in Los Angeles abgestempelter Brief. Gerald, Lynn Ann, die Kinder und ich setzten uns ins Vorderzimmer, um ihn zu lesen:

Liebe Familie,
ich muß euch leider mitteilen, daß ich diesen Brief aus einem Gefängnis in Nordhollywood schreibe. Man hat mir gesagt, ich sei gestern abend betrunken gewesen und hätte irgendwo eine Schlägerei provoziert. Es tut mir leid, daß ich Euch nach allem, was Ihr für mich getan habt, nun im Stich lassen muß, aber ich verspreche, ich werde alles wiedergutmachen. Ich danke Gott jeden Tag für Euch und bitte um seinen Segen für Euch. Ich werde bald entlassen, Ihr braucht Euch keine Sorgen um mich zu machen. Mit Charles sieht immer noch alles gut aus, er kann nur leider das Geld noch nicht überweisen. In Europa ist alles phantastisch gelaufen. Bald wird alles klappen, und glaubt mir, ich werde dann für Euch sorgen. Sagt Lynn Ann, daß ich auch für sie sorgen werde, und ich danke ihr für alles, was sie für mich getan hat. Auch Milt und Bonnie. Beigefügt findet Ihr einen Scheck über zehntausend Dollar, damit Ihr Euch eine Zeitlang behelfen könnt. Wenn Ihr diesen Brief erhaltet, ist der Scheck gedeckt. Sagt den Kindern, das Wohnmobil kommt, und ich möchte, daß Ihr ihnen von dem Geld Fahrräder und ein paar nette Sachen zum Anziehen von ihrem Onkel Hank kauft. Ich rufe bald an. Betet für mich.
In Liebe
Hank

Der Scheck war natürlich nicht gedeckt. Hank rief ein paarmal an, und einmal bat er Gerald, ihm ein wichtiges Dokument aus der Schublade mit seinen persönlichen Papieren zu schicken.

Er sagte, ein größerer Geschäftsabschluß sei jetzt absolut sicher, und wir würden bald wieder von ihm hören. Wir hörten nie wieder was von ihm.

Die Telefone wurden wieder aus dem Souterrain entfernt, und eine Frau von der Telefongesellschaft sorgte dafür, daß wir die Telefonrechnung nicht bezahlen mußten, denn als sie die Geschichte gehört hatte, war sie überzeugt davon, daß wir reingelegt worden waren und unser Bestes getan hatten, und außerdem kannte sie meine Gedichtbände und liebte sie. Wir verkauften einige Dinge, um die kleineren Schulden zu bezahlen. Als wir unser Haus verkauften, bezahlten wir mit dem Erlös endlich auch die Kreditkarten, über die die Flugtickets gelaufen waren. Die Kinder hörten im Laufe der Zeit auf, nach dem Wohnmobil zu fragen.

Seltsamerweise waren wir nicht ärgerlich. Selbst ich war in gewisser Weise stolz auf Hank und wollte ihn beschützen. Er war nicht schlecht. Er war lieb. Eben nur ein bißchen zu verrückt. Vielleicht hatte das Leben als reicher Mann ihn für die Niederungen des Daseins verdorben.

Schließlich wurde Hank eine Legende in unserem Haus, ein Lehrstück dafür, wie man Geschäfte nicht angehen sollte. Und er wurde auch ein Traum. Was wäre gewesen, wenn . . . Alle paar Jahre kam so eine Äußerung von den Kindern. Was wäre, wenn Hank zurückkäme? Was wäre, wenn er wieder Millionen gemacht hätte und auftauchen würde, Tausenddollarscheine und Kitkats verteilen und alles für uns tun würde, was er versprochen hatte?

In der Zwischenzeit arbeiteten wir weiter, damit wir was zu essen hatten, ich mit Vorträgen und an der Schreibmaschine, die Kinder mit Zeitungsaustragen und Gartenarbeit, Hausarbeit und Babysitten. Letzten Sommer jedoch tat ich etwas Schlimmes. Ich wußte nicht, daß es schlimm enden würde, ich hatte eigentlich gedacht, es würde lustig werden, aber leider stellte sich heraus, daß es schlimm war.

Ich sichtete endlich einmal alles in der Garage, warf alles weg, was nicht mehr gebraucht wurde, und räumte den Rest auf. Dabei fiel mir eine Schachtel mit der Aufschrift »Hanks Dinge« in die Hände. Ach du meine Güte! Hanks Dinge! Ich nahm den Deckel ab und stellte fest, daß Mäuse die Schachtel angenagt hatten. Zwölf Jahre waren jetzt vergangen seit unserem Abenteuer mit Hank. Wo mochte er jetzt wohl sein? Im Gefängnis? Tot? Armer Hank. Ich schüttelte den Mäusekot heraus und warf alte Platten und Briefe weg. Die Dinge, die ich zur Erinnerung nicht wegwerfen wollte, legte ich auf einen kleinen Stapel: Hanks Führerschein, eine Karte zum Vatertag von einer Tochter, von deren Existenz ich nichts gewußt hatte, ein Brief an die Chil Can Corporation, daß ein Scheck über eine Million Dollar unterwegs sei, ein kleines Buch über das Leichentuch von Turin und ein Scheckheft von der Far West Bank in Provo, Utah, dessen Schecks auf den »wilden Hank« Farr ausgestellt waren.

Dann hatte ich eine Idee. Lynn Ann würde begeistert sein. Sie würde völlig aus dem Häuschen sein. Wir sahen uns immer noch oft, und ab und zu schwelgten wir beide in Erinnerungen an die Zeit mit Hank Farr und sprachen darüber, daß wir eigentlich ein Filmdrehbuch über die Geschichte schreiben müßten. Ich nahm das Scheckheft mit in mein Arbeitszimmer und kicherte, als ich mich hinsetzte und einen Scheck ausschrieb. Auszuzahlen an . . . und ich schrieb schwungvoll hin »Lynn Ann Somppi . . . $ 5.000.000 . . . Fünf Millionen«. Dann unterschrieb ich mit einem verschnörkelten »Hank Farr«. Immer noch kichernd wickelte ich den Scheck in ein weißes Blatt Papier und steckte ihn in einen Umschlag.

Ich fand die Idee toll. Und Lynn Ann würde auch begeistert sein.

Zwei Tage später, wir saßen gerade beim Essen, stürmte Lynn Ann, ohne anzuklopfen, wie sie es immer tat, zur Tür herein.

»Hallo«, sagte ich, »wie geht's dir?«

Sie stand direkt vor mir, und nur ihre Augen lachten, als sie dramatisch sagte: »Ihr werdet es nicht glauben, was heute in meinem Briefkasten war!«

»Oh!« machte ich interessiert. »Was?«

Sie machte eine effektvolle Pause und senkte dann die Stimme: »Ein Scheck von Hank Farr . . . über fünf . . . Millionen . . . Dollar!« Sie konnte sich kaum ernst halten.

»Nein!«

»Doch, es stimmt! Es stimmt wirklich!«

»Fünf . . .?«

»Millionen Dollar!«

John fand als erster von den Kindern die Sprache wieder. »Was?« sagte er.

Aaron und Katy kamen grinsend ins Zimmer. Sie waren an dem Tag, als ich den Scheck abgeschickt hatte, zu Hause gewesen, und ich hatte ihn ihnen gezeigt. Ich hatte es auch John und Emily erzählen wollen, hatte es aber vergessen.

Lynn Ann sah John an. »John, ich hatte heute einen Scheck im Briefkasten über fünf Millionen Dollar! Wirklich!«

John schwieg einen Moment, dann sagte er: »Mama, war die Post heute schon bei uns?«

Ich lachte. »Glaubst du, wir kriegen auch einen?«

»Schnell, Mama, wo ist die Post?«

Ich brauchte eine Weile, bevor mir klar wurde, daß John es ernst meinte. Ich wollte den Scherz gerade aufklären, als Emily ins Zimmer kam.

John stand aufgeregt auf. »Emily . . .« Er brachte die Worte kaum heraus. »Hank ist wieder da! Hank Farr! Genau wie er es uns versprochen hat! Und er hat Lynn Ann einen Scheck über fünf Millionen Dollar geschickt!«

»Oh, John!« Emily ließ sich auf einen Stuhl fallen. »Mach keine Witze! Fünf Millionen Dollar!«

»Guck ihn dir an!« sagte Lynn Ann und zog den Scheck aus

ihrer Tasche. John griff danach, aber Lynn Ann hielt ihn fest und zeigte ihn allen.

Aaron und Katy schwiegen. Emily machte ein Gesicht, als sei das ganze Geld in Münzen auf ihren Kopf heruntergeregnet. Da stand es, unterschrieben von Hank. Fünf Millionen Dollar!

John hüpfte auf seinem Stuhl auf und nieder wie ein kleiner Junge. »Das bedeutet . . . das bedeutet, daß auch unser Scheck bald kommt. Er würde nicht an Lynn Ann einen schicken und an uns keinen. O Mann, ich kann's nicht glauben! Oh, Mama!«

Ich öffnete den Mund, um die Dinge klar zu stellen. Das ging jetzt zu weit. Aber es war Lynn Anns Scherz, sie mußte damit aufhören. Nein, es war mein Scherz!

Emily ging zu Lynn Ann und umarmte sie. »Na, Lynn Ann!« Ihre Stimme klang seltsam. »Herzlichen Glückwunsch! Was machst du jetzt mit dem ganzen Geld?«

Ich traute meinen Augen kaum. Das hatte ich nicht beabsichtigt. John und Emily glaubten daran!

»Ach, ich weiß nicht«, sagte Lynn Ann leichthin. »Ich werde ein paar Sachen für meine Tagesstätte anschaffen.«

»Lynn Ann!« schrie John. »Du brauchst nie mehr zu arbeiten! Und wenn unser Scheck kommt . . .«

Ich hielt es nicht mehr länger aus. Ich rannte die Treppe hinauf und holte das Scheckheft. »Emily, John«, sagte ich, »es tut mir leid. Wenn ihr auch so einen Scheck wie Lynn Ann haben wollt . . . hier. Schreibt ihn selbst aus, setzt jeden beliebigen Betrag ein.«

Emily nahm das Scheckheft, und sie und John studierten es ein paar Minuten lang. Dann warf Emily es zu Boden und sah mich voller Abscheu an. »Mama! Du warst das! Wie konntest du nur! Ach, ich bin so ärgerlich!«

Lynn Ann, Aaron und Katy brüllten vor Lachen. Ich nicht. Ich fühlte mich elend.

John stöhnte enttäuscht »Du meinst . . .? Ohhhh!«

»Es tut mir leid, Kinder. Ich konnte ja nicht ahnen . . . Es tut mir leid.«

Seit diesem Tag ist Hank Farr in unserem Haus nie wieder erwähnt worden, aber ab und zu denke ich an ihn und schicke ihm ein kleines Gebet hinterher. Vielleicht ist er im Gefängnis oder tot. Aber was wäre, wenn . . . wenn . . .? Schließlich warteten drei Limousinen an den Ausgängen seines Hotels auf ihn. Und an dem Abend in Las Vegas hat Frank Sinatra tatsächlich seine Show für Hank unterbrochen.

8.
Allein auf der Wippe

Alleinerziehender zu sein ist eine ambivalente Angelegenheit. Es bedeutet, allein auf der Wippe zu sitzen, ein paar wirklich harte Schläge hinnehmen und dauernd hin- und herrennen zu müssen, um das andere Ende auch unten halten zu können. Aber es bedeutet auch, daß man so schnell oder langsam und so oft, wie man will, auf der Eisbahn rutschen darf.

Zuerst die Eisbahn. Immer wenn ich in Selbstmitleid versinke, passiert irgend etwas, das mir klarmacht, daß es Schlimmeres gibt, als eine alleinerziehende Mutter zu sein. Manchmal kann es nämlich schlimmer sein, verheiratet zu sein. Ich habe einige Freundinnen, deren Hauptproblem nicht die Kinder, sondern der Vater der Kinder ist. Und selbst wenn die Ehe glücklich ist, so wird nicht alles automatisch großartig, nur weil man einen Mann hat. Als alleinerziehende Mutter kann ich ein paar Vorteile aufzählen.

Ich muß mich mit niemandem über die Erziehung der Kinder streiten. Ich beschließe alles und tue es dann. Ich muß nicht in irgendeine Kleinstadt ziehen, nur weil mein Mann dort eine Stelle bekommt, ich aber lieber in einer Großstadt leben würde. Ich muß mich mit dem Aufstehen und Zubettgehen nach niemandem richten. Ich muß nicht mitansehen, wie unser gemeinsames Geld in ein Privatflugzeug gesteckt wird. Ich kann den Haushalt so führen, wie es für mich angenehm ist. Ich kann kommen und gehen, wie es mir gefällt. Ich muß nicht mit den Neurosen oder dummen Angewohnheiten eines anderen leben — das heißt, mit Angewohnheiten, die von meinen abweichen.

Ich zähle diese Vorteile auf, wenn verheiratete Freundinnen an meiner Haustür stehen, weil sie, mit ihren Kräften am Ende, von zu Hause weggelaufen sind. »Ich mußte einfach mal für eine Zeitlang raus«, sagen sie. »Ich hab's nicht mehr ausgehalten. Ich habe gerade etwas zusammengepackt, bin ins Auto gestiegen und weggefahren.« Eine war sechzig Meilen gefahren, eine andere sogar siebenhundert.

Ich nehme sie auf, versorge sie mit Trost und Anteilnahme und meiner Philosophie, und nach ein paar Tagen fahren sie wieder nach Hause.

Wenn man alleine lebt, ist man frei und hat seine Privatsphäre. Reichlich. Ich kenne eine ältere Frau, die schließlich den Mann heiratete, den sie schon seit Jahren kannte. Nachdem sie ein paar Monate in ihrem Haus zusammengelebt hatten, fragte ich: »Sind Sie glücklich? Sind Sie froh, daß Sie ihn geheiratet haben?«

»Ja«, sagte sie, fügte dann aber zögernd hinzu, »nur manchmal sage ich mir ›Warum geht er nicht endlich mal wieder nach Hause?‹«

Wir zählen auch unsere Vorteile auf, wenn eine Freundin, die zum zweiten Mal verheiratet ist, sagt: »Wirklich, wenn ich gewußt hätte, wie schwer es wird, hätte ich es nie, nie mehr gemacht. Mein Mann versucht sein Möglichstes. Am Anfang war er reizend zu den Kindern, aber jetzt brüllt er sie an und hat alles Mögliche an ihnen auszusetzen. Ich kann das verstehen. Wenn es nicht meine Kinder wären, hätte ich sie auch nicht so besonders gern.«

Allerdings können wir die Vorteile an den Fingern einer Hand abzählen. »Ehe mag ihre Dornen haben«, habe ich einmal irgendwo gelesen, »aber Unverheiratetsein hat keine Rosen.« Schließlich und endlich ist es nicht so besonders witzig, die einzige Erwachsene zu sein — im Schlafzimmer, in der Küche, am Abendbrottisch, im Wohnzimmer, im Garten, im Auto.

Damit kommen wir zu der Wippe, den harten Schlägen für eine alleinerziehende Mutter. So, Sie können alle Entscheidungen alleine treffen und brauchen sich mit niemandem herumzustreiten. Wer will das schon? Sie sehnen sich danach, mit jemandem über die Kinder reden zu können, mit jemandem, der genauso für sie verantwortlich ist wie Sie selbst, jemand, der Ihnen hilft zu entscheiden, ob die Jungen schon alt genug sind, um ihren Führerschein machen zu können, ob der Zweitwagen ein 1984er Toyota mit 80.000 Kilometern sein sollte oder ein 1975er Maverick mit 32.000 Kilometern, ob Sie von Kalifornien nach Salt Lake City durchfahren oder ob Sie in Winnemucca übernachten sollten, ob Katy die Skifreizeit von der Schule mitmachen sollte, was mit den Schnecken im Blumenbeet passieren sollte. Sie können mit den Kindern reden, Sie können auch mit guten Freunden reden, aber die meiste Zeit reden Sie mit sich selbst. Eine alleinerziehende Mutter zu sein ist wie einen Ball an die Mauer zu schlagen, wenn man viel lieber Tennis spielen würde. Sie können nie sagen »Darüber muß ich mit eurem Vater reden«. Sie wissen, Sie allein sind unwiderruflich und ständig gefordert.

Manchmal kann es wirklich unangenehm sein, eine alleinerziehende Mutter zu sein. So wie damals, als ich Aaron, den armen Kerl, zu seinem ersten Pfadfinderlager mit einem kleinen Koffer statt mit einem Rucksack schickte. (Ich war schließlich nie Pfadfinder, woher sollte ich das also wissen?) Oder bei den Gelegenheiten, als ich mit den Kindern zum Baseballspielen in den Park ging, und sogar Katy konnte den Ball besser schlagen als ich. Katy? Sogar ihre Katze hätte es besser gekonnt. Es tut immer weh, schreiben zu müssen, daß ein Elternteil nicht auf den Pfadfinderausflug nach Wolfboro mitfahren kann, daß ein Elternteil nicht als freiwilliger Fußballtrainer mitarbeiten kann. Und immer, wenn Sie den Wagen in die Werkstatt bringen, kommen Sie sich vor wie ein Idiot, wenn der Mechaniker mit Fachausdrücken um sich wirft. (Sicher, Nancys Mann kriegt auch immer einen Herzanfall, wenn er mit mechanischen Dingen konfrontiert wird; ich sollte wohl von Zeit zu Zeit daran denken.)

Eine alleinerziehende Mutter weiß, daß es für sie keine Ablösung gibt. Ich brauche noch nicht mal das Auto zu verlassen, wenn ich Katy abgeholt habe, ich brauche ihr bloß zu sagen, sie solle Emily bitte sagen, es sei Zeit für ihren Ballettunterricht, und sie solle die Jungen daran erinnern, daß sie, wenn sie mich hupen hören, herauskommen sollen, damit ich sie zum Klavierunterricht fahren kann. Der Garten, die Wäsche, der leere Kühlschrank — alles meine Sache. Egal, wie müde man ist oder wieviel lieber man jetzt irgendwo am Strand liegen und Gedichte lesen würde, man muß immer weiter machen, weitermachen bis zur Erschöpfung, und das darf man die Kinder noch nicht einmal merken lassen. (Sicher, Bonnie hat sechs Kinder, und ihr Mann ist viel auf Reisen, und alles hängt an ihr. Aber sie kriegt zumindest Anrufe: »Wie geht's dir? Mach dir keine Sorge, ich bin Mittwoch wieder zurück.« Und sie weiß zumindest, daß er deshalb unterwegs ist, weil er das Geld für die Familie verdient. Ihr Job ist anstrengend und endlos, aber sie muß nicht auch noch seine Arbeit tun. Einmal schrieb er, bevor er wegfuhr, »Ich liebe dich« mit Leuchtstift auf die Wand in ihrem Schlafzimmer, und als sie das Licht ausmachte, sah sie es und lag lange wach, sah den Satz an und lächelte. »Ich liebe dich« hält lange vor.

Als alleinerziehende Mutter ist man ständig unter Druck. Und wenn man dazu noch, so unorganisiert ist wie ich, ist man verloren. Man ist in Gedanken bei zwanzig Dingen statt bei zehn. Mit der Zeit gewöhnt man sich daran, wieder in die Realität zurückgeholt zu werden, wenn eine Kinderstimme sagt: »Mama, warum wartest du hier hinter den Autos? Die parken alle.« Oder »Mama, wolltest du die Eier nicht hart kochen?

Die Pfanne ist ganz schwarz und die Eier sind alle geplatzt.« Oder »Mama, willst du die Sachen, die wir eingekauft haben, nicht mitnehmen?« Manchmal kann man darüber lachen, aber an den Tagen, an denen man ausgebrannt ist, kann man nicht mehr darüber lachen.

Paare können sich gegenseitig mit Energie versorgen, sich gegenseitig aufladen. Eine alleinerziehende Mutter versorgt sich aus ihrem eigenen Reservoir, bis es leer ist. Aber die Kinder wollen immer noch mehr, und was soll man dagegen tun? Manchmal geht man in sein Zimmer, verschließt die Tür, läßt sich aufs Bett fallen und weint. Manchmal wird man grob zu den Kindern, und dann hat man Schuldgefühle. Eine Frau gab mir gegenüber einmal zu, sie habe ihr Kind am Hemd gepackt und gegen die Wand geschleudert. (Sie war keine alleinerziehende Mutter, wir haben keinen Sonderanspruch auf Frustration.) Damals konnte ich mir das nicht vorstellen, aber heute kann ich es. Ich habe Schuldgefühle, wenn ich daran denke, wie ich Aaron getreten habe und John eine Ohrfeige gegeben habe, und ich will hoffen, daß ich nie wieder so sehr die Kontrolle verliere, aber man ist nicht mehr so wie man sein möchte, wenn man allein und ausgebrannt ist und weiß, man hat keine Unterstützung.

Im Buch Salomo 4, 10 ist das gut ausgedrückt. »Zwei sind besser als einer . . . denn wenn sie fallen, hebt der eine den anderen auf, aber wehe dem, der allein ist, wenn er fällt; denn er hat niemandem, der ihm hilft.«

Alleinerziehende müssen andere finden, die ihnen aufhelfen. In mancher Hinsicht müssen wir wieder so werden, wie die Familien waren, bevor sie so auf sich bezogen lebten. Wenn ich jetzt so darüber nachdenke, sind doch eigentlich alle Familien darauf angewiesen, oder? Selbst traditionelle Familien können es heutzutage nicht mehr alleine schaffen. Ich lese häufig über die wachsende Entfremdung, mit der junge Leute konfrontiert sind. So vielen fehlt das Gefühl, irgendwohin zu gehören. Sie haben keine Großfamilie, diese verschworene Gemeinschaft, diese feste Gruppe von Menschen, von der sie wissen, daß es ihre ist. Jeder von uns braucht die größere Familie, deren Teil wir sind, wenn wir Glück haben. Bei manchen Menschen ist diese größere Familie die Nachbarschaft, der Club, die eine oder andere Gruppe. Meine ist die Kirche.

Als Bruder Anderson, unser Hauslehrer und früherer Bischof, mich nach seinem monatlichen Besuch bei uns bat, noch mit vor die Tür zu kommen, dachte ich, er wolle vielleicht ein Problem mit mir unter vier Augen bereden. Hatte Aaron irgend etwas in der Sonntagsschule angestellt?

»Schwester Pearson«, sagte er, »ich möchte Sie um eine Erlaubnis bitten. Wir brauchen ein gutes Dienstleistungsprojekt, und der Bischof hat sich mit meiner Idee einverstanden erklärt. Wenn Sie nichts dagegen haben, möchten wir gerne Ihr Haus anstreichen.«

Mein Haus anstreichen? Ich warf einen Blick auf das weiße Holz, das schmutzig weiße Haus. Das Haus, in dem wir seit sieben Jahren lebten, war jedes Jahr ein bißchen schmutziger weiß geworden. Und von den ziegelroten Fensterläden blätterte mittlerweile auch die Farbe ab. Vielleicht bemerkte jemand, der einmal im Monat kam, wie der Mann, der den Zähler ablas oder ein Hauslehrer, der regelmäßig als Vertreter der Kirche kam, den Verfall mehr als jemand, der täglich ein- und ausging. Ich jedenfalls nahm das einfach als gegeben hin, wie das langsame Altern meines Gesichts im Spiegel. Ich sah eigentlich nie anders aus als am Tag vorher, und mit meinem Haus war das genauso. Außerdem würde ein Anstrich eine ganze Menge Geld kosten, und ich hatte schon vor langer Zeit beschlossen, daß ich lieber den Kindern Klavierunterricht ermöglichte, als das Haus anstreichen zu lassen.

»Wirklich, Bruder Anderson? Mein Haus anstreichen?«

»Sie müßten die Farbe bezahlen, aber das Anstreichen wäre

umsonst. Den Brüdern tut es gut, zusammen zu sein und so etwas gemeinsam zu machen. Dienstleistung ist das Herz unseres Bekenntnisses, und manchmal vergessen wir das. Es wäre sehr nett von Ihnen, wenn Sie uns das tun lassen würden.«

Ich zögerte. Die Kirche hatte so viel für uns getan, als vor ein paar Monaten der Vater der Kinder gestorben war. Stundenlang hatten Kirchenmitglieder in unserem Garten gearbeitet. Wir hatten Blumen, Nahrungsmittel, Beileidsbezeugungen und Karten bekommen.

Schwester Spencer, meine Besuchslehrerin, hatte mich überredet, am Telefon ein Stück Papier und einen Stift zu deponieren, damit ich in diesen letzten, schrecklichen Tagen alles aufschreiben konnte, was ich brauchte, und sie bei ihrem täglichen Anruf um neun Uhr morgens darüber informieren konnte. Ich konnte den Leuten nicht genug danken. Sollte ich noch so ein Geschenk annehmen?

»Na ja«, sagte ich, »wenn Sie es gerne möchten . . .«

»Natürlich möchte ich es. Wir bleiben in Verbindung.«

Sie brauchten anderthalb Tage dazu. Es war, als sähe man in einem Western, wie eine Scheune aufgebaut wird. Jeder schien daran beteiligt zu sein. Die Jugend trug ihren Teil dazu bei, indem sie die Sträucher zurückbanden und die Fensterbretter abkratzten. Bruder Evans, ein Bauunternehmer im Ruhestand, wurde in seinem Rollstuhl ans Haus geschoben, damit er professionellen Rat abgeben konnte, und er wirkte sichtlich begeistert darüber, wieder im Geschäft zu sein. Zwanzig Männer strichen gleichzeitig leuchtende weiße Farbe auf das dankbare Holz. Manche der Männer hatte ich nie anders als in Anzügen und Krawatten gesehen, und jetzt standen sie da in ihren alten Stiefeln und farbbespritzten Jeans, kletterten auf meinem Dach herum und machten Witze.

»Hey, Rob, weißt du, wie viele Psychiater man braucht, um eine leichte Kugel zu rollen?«

»Wie viele?«

»Einen. Aber die leichte Kugel muß auch wirklich mitmachen!«

»Ha! Sehr gut! Weißt du, wie viele Mormonen man braucht, um eine leichte Kugel zu rollen?«

»Ich kenn' da zehn verschiedene Versionen. Wie ist deine?«

»Sechs. Einen, der die Kugel rollt, zwei für die Gebete am Anfang und am Ende, und drei, um die Getränke zu servieren.«

»Was ist mit dem einen, der den Bericht schreiben muß?«

»Und dem, der den Stuhl wegstellen muß?«

Bruder Anderson beobachtete die Arbeit mit tiefer Befriedigung. »Sehen Sie? Wir machen das nicht nur zum Vergnügen. Soviel Spaß miteinander hatten die Männer schon lange nicht mehr. Wenn man nur in der Kirche sitzt und über Brüderlichkeit redet, passiert nichts.« Er lächelte und wies auf die Arbeitenden. »Nur so passiert etwas!«

Zwanzig Männer an einem Samstag ist nicht so gut wie ein Mann an zwanzig Samstagen oder zweiundfünfzig Samstagen oder Jahren voller Samstage. Aber es ist das Zweitbeste, ein wundervolles Zweitbestes.

Eines Abends stand ich um zehn Uhr vor der Heizung und versuchte, aus der Anleitung zum Einstellen klug zu werden. Normalerweise rufe ich die Gasgesellschaft an und bitte Sie, mir jemanden zu schicken, aber es dauert meist eine Woche, bevor jemand kommen kann, und die Temperatur war ganz plötzlich gefallen. Die Kinder trugen zwei Pullover übereinander und murrten »Es ist eiskalt hier drinnen!« Selbst Aaron, der fähige Handwerker im Haus, hatte es aufgegeben, das Monster einzustellen, und war ins Bett gegangen. Die älteren Kinder mußten um sechs Uhr aufstehen, um ins Seminar, dem morgendlichen Religionsunterricht vor der Schule, zu gehen. Die armen Kinder. Sie verdienten zumindest, daß das Haus warm war, wenn sie müde ihr Müsli löffelten.

Ich sah die Anleitung noch einmal durch. Was war ich eigentlich für eine Mutter? Die Pioniere hatten eine Entschuldigung gehabt, wenn ihre Kinder leiden mußten, aber ich hatte keine. Es gab keinen Grund dafür, daß es in diesem Haus eiskalt war. Wo war mein Einfallsreichtum? Schließlich hatte ich doch einen Magister, oder etwa nicht? Jemand, der alle Stücke von Eugene O'Neill in einem Sommer gelesen hatte, würde doch wohl noch eine zweiseitige Gebrauchsanweisung lesen können. Aber wo war der »Gaskontrollschalter«? Wo war die »Zugangstür für den kleinen Brenner?«

Meine Wut gegenüber dem kalten Metall, das sich vor mir aufbaute wie ein gefühlloser Android, wuchs. Ich hätte am liebsten dagegengetreten. Plötzlich fiel mir ein, wie meine Mutter einmal eine Waschmaschine verflucht hatte, die nicht funktionierte. Mit Tränen in der Stimme hatte sie gesagt: »Diese Waschmaschine verhindert noch, daß ich ins Paradies komme!« Zum Teufel mit dieser Heizung und ihrem »kleinen Brenner«!

Vielleicht konnte ich Chris anrufen. Unsere Häuser waren von der gleichen Baugesellschaft gebaut worden, und die Heizungen waren wahrscheinlich identisch. Und vielleicht war sie diejenige in der Familie, die die Heizung einschaltete, ihr Mann, der Bischof, war häufig in kirchlichen Angelegenheiten unterwegs. Aber es war immerhin schon zehn Uhr abends. Ich rief an.

»Die Heizung einschalten? Da kann ich dir gar nichts zu sagen. Dave hat unsere gestern angestellt. Ich habe da keine Ahnung.«

»Ja, danke. Ich rufe morgen bei der Gasgesellschaft an.«

»Aber es friert doch! Hör zu, Dave ist noch in der Kirche, aber ich sag' ihm Bescheid, und dann kann er auf dem Heimweg bei dir vorbeikommen.«

»Oh, nein. Er hat ohnehin genug zu tun. Ich werde mir morgen was überlegen.« Ich versuchte, meine Stimme nicht ganz so gequält klingen zu lassen.

»Er tut's bestimmt gerne. Er braucht ja auch nur ein paar Minuten dazu. Ich schick' ihn bei dir vorbei, sobald er nach Hause kommt.«

Ich drehte das Gas im Kamin an. Es war zwar hell genug, um ein Zimmer zu erleuchten, aber nicht, um es zu wärmen. Normalerweise hatte ich Freude daran, aber heute abend nicht. Was hatte ich mit Heizungen zu tun? Das gehörte nicht zu meinem Job.

Wie war all dies nur geschehen? Warum mußte ich zum Sozialfall werden? Warum mußte der Bischof spät am Abend vorbeikommen und die Heizung von Schwester Pearson einschalten? Wie ich das alles haßte!

Um Viertel nach elf klopfte es leise an die Vordertür. Ich ließ Bischof Sutton herein. Er trug noch den Anzug, den er sowohl als Anwalt als auch als Bischof trug. Er hielt mir eine Taschenlampe und eine Handvoll Werkzeuge entgegen und lächelte mich an. Genau wie eine alleinerziehende Mutter hat auch ein Bischof ständig etwas zu tun, und er bekommt keinen Pfennig dafür.

»Hallo. Der Heizungsmann.«

»Bischof, es ist mir so unangenehm, daß Sie extra hierherkommen mußten. Als hätten Sie nicht genug zu tun!«

»Ich helfe Ihnen gerne. Das haben wir in Nullkommanichts erledigt.«

Ich bin sicher, es hatte nichts damit zu tun, daß er ein Mann war oder irgendwelche besonderen spirituellen Fähigkeiten besaß, sondern es lag einfach an der jahrelangen Übung, daß der Bischof sofort »die Zugangstür zu dem kleinen Brenner« fand und die Heizung einschalten konnte. Endlich wurde es im Haus warm.

Einen Mann zu haben — auch so einen beschäftigten Mann wie Bischof Sutton —, der um Viertel nach elf abends vorbeikommt, um die Heizung einzuschalten, ist nicht so gut, wie einen Mann zu haben, der jede Nacht zu Hause ist und sowohl das Haus als auch die Familie warm hält. Aber es hilft auf jeden Fall.

Es hilft auch, daß es Schwester Hardy gibt, die uns alle fünf in ihren Kombi packt und mit uns nach Utah fährt, weil sie sowieso dahin muß und weil sie weiß, daß ich es hasse, zu fahren.

Und Bruder Moseley, der mich trotz der Tatsache, daß ich in seinem Sonntagsschulunterricht immer für Unruhe sorge, mag und der sofort mit seiner ganzen Ausrüstung angerannt kommt, wenn ich ihn anrufe, um zu fragen, was ich mit dem Hornissennest unter unserer Dachrinne machen soll, und der als Bezahlung nur ein Buch haben will.

Und Bruder Jones, der sich einen Tag freigenommen hat, um Aaron einen Tag später zum Pfadfindercamp zu fahren, damit Aaron am Erinnerungsgottesdienst für seinen Vater teilnehmen konnte und trotzdem das Pfadfinderlager nicht zu verpassen brauchte.

Und Bruder Gold, der uns geholfen hat, als die Toilette verstopft war, und Bruder Porter, der vorbeikam, als der Wasserboiler die Garage überflutet hatte, und die Brüder Christensen und Ririe, die immer helfen, wenn man sie darum bittet.

Und Onkel David, der bei der Taufe den fehlenden Vater vertrat, und Onkel Warren, der extra von Utah geflogen kam, damit Emily nicht allein zum BYU fahren mußte, und Onkel Don, der den Kindern stundenlang half, ihre Ausbildungs- und Berufsziele zu formulieren und Bewerbungen zu schreiben, und dann immer wieder anrief, um nachzufragen, wie die Dinge liefen.

Und Bruder Hilton.

Am ersten Sonntag im Mai kam Emily nach Hause und reichte mir eine handschriftliche Einladung zum Debütantinnenball. Ich las das Datum, sah auf dem Kalender nach und sank auf die Couch.

»Ach, Emily! Am achtundzwanzigsten? Da bin ich nicht

hier! Ich muß an dem Wochenende zu einem Vortrag nach Seattle.«

»Das macht nichts. Ich geh' sowieso nicht hin.«

»Was soll das denn heißen? Natürlich gehst du hin! Das ist eine tolle Sache!«

Der Debütantinnenball war *der* Ball der Mormonen. Alle Mädchen, die gerade die High School abgeschlossen hatten — für gewöhnlich um die fünfzig —, wurden bei diesem eleganten Ereignis vorgestellt.

»Ja, ja. Tolle Sache«, sagte Emily traurig und ließ sich neben mich auf die Couch fallen. »Alle Mädchen werden von ihren Vätern eingeführt. Du stehst im Scheinwerferlicht auf der Bühne, und sie lesen etwas über dich vor, was deine Mutter über dich geschrieben hat, und dann kommen die Väter die Treppe herauf und geleiten einen in die Reihe, wo man mit ihnen stehenbleibt, bis alles vorbei ist. Schwester Wendel hat gesagt, wenn ich keinen Mann wüßte, den ich einladen wollte, würde sie für mich einen organisieren für den Abend. Weißt du, wie ich mir dann vorkäme? Mit einem Leihvater? Weißt du, wie sehr ich Papa an dem Abend vermissen würde? Ich werde sagen, ich kann nicht kommen. Außer, sie wollen, daß ich singe.«

»Ach, Emily!« Was sagt man in einem solchen Moment? Es ist mein tägliches Brot, mit Worten umzugehen, aber hier waren alle Worte fehl am Platz, ich konnte Emily nicht trösten. Ihr Vater würde nicht die Treppe heraufkommen, sie bei der Hand nehmen, vor Stolz strahlen und sie beim Debütantinnenball vorstellen. »Ich sage die Reise ab, Emily. Ich werde da sein!«

»Nein, Mama. Die Mütter sitzen sowieso nur im Publikum. Es lohnt sich nicht, daß du deine Reise absagst.«

Ich zog Emilys Kopf auf meinen Schoß und strich ihr über die Haare. »Bitte, geh hin, Emily. Du mußt einfach hingehen. Sie brauchen dich da.«

»Was meinst du, wie ich mich fühle, wenn ich die einzige bin, die ohne Vater kommt?« Emilys Augen waren geschlossen, und eine Träne rann über ihre Wange. Ich hatte mich daran gewöhnt, daß Emily ihren Vater vermißte, aber Emily würde sich nie daran gewöhnen.

»Denk darüber nach, Em. Du brauchst es ja nicht gleich zu entscheiden.«

In der Woche darauf beschloß Emily, hinzugehen, und eine Woche später wollte sie wieder nicht hingehen. Dann fragte sie Suzettes Vater, ob er sie begleiten würde, und er sagte, er würde nichts lieber tun, aber er sei an diesem Wochenende geschäftlich unterwegs.

»Frag jemand anderen«, ermutigte ich sie. »Welchen anderen Mann in der Kirche kannst du gut leiden?«

»Bruder Hilton. Ich hab' schon daran gedacht, ihn zu fragen. Er mag mich auch. Aber er führt Ann ein, und dann wäre es für sie blöd. Ich will ihr nicht alles verderben.«

»Vielleicht tust du das ja gar nicht. Warum redest du nicht mal mit ihr?«

Ann war die erste Freundin, die Emily gefunden hatte, als wir hierher zogen, und Emily hatte mir schon ein paarmal gesagt, sie und Ann seien eher Schwestern als Freundinnen. Ann war ein hübsches, dunkelhaariges Mädchen. Sie spielte wundervoll Geige, war eine hervorragende Schülerin, die gerade ein Stipendium für das BYU gewonnen hatte, und sie war die diesjährige Homecoming Queen an der Los Lomas High School. An Emilys letztem Geburtstag hatten Ann und ich vereinbart, daß sie sie mit »Happy Birthday« auf der Geige weckte. Ich konnte mir schon vorstellen, wie Anns Antwort auf Emilys Bitte ausfallen würde. In ihren guten braunen Augen war nie auch nur eine Spur von Falschheit.

Und bei ihrem Vater war das genauso. John Hilton war einsneunzig, schlank, mit ergrauendem Haar und einer wundervollen Stimme, die klang wie die eines Jugendlichen, wenn er aufgeregt war — und er war immer aufgeregt. Bruder Hilton versicherte mir ständig, wie hervorragend er meine Gedichte fände und wie sehr er meine Kinder bewunderte, besonders Emily, die er »großartig« fand.

Emily schien etwas überrascht, aber ich war es nicht, als Ann sagte, es wäre toll, wenn sie sich ihren Vater teilen würden, und Bruder Hilton meinte, »nichts wäre ihm lieber«.

Ich wäre am liebsten nicht geflogen. Ich fliege sowieso nicht gerne, ich bleibe lieber zu Hause, aber schließlich hatte ich zwei Jobs, und Vorträge zu halten war meistens ziemlich einträglich. Ich hätte den Vortrag absagen können, aber ich hatte noch nie einen Vortrag abgesagt, und ich würde wahrscheinlich an diesem Wochenende genug Bücher verkaufen, daß wir einen Monat lang leben konnten und ich das Kleid bezahlen konnte, das ich Emily für den Debütantinnenball gekauft hatte. Es war ganz schlicht, rosa, oben eng anliegend mit einem V-Ausschnitt im Rücken, und sie sah darin aus wie eine griechische Göttin.

Sobald mein Vortrag beendet war und ich wieder im Hotelzimmer war, rief ich zu Hause an. »Em? Wie war es?«

»Toll, Mama, wirklich toll!«

»Du hast geweint.«

»Woher weißt du das? Es war toll! Der ganze Saal war mit Blumen und Girlanden dekoriert, wie bei einer Abschlußfeier oder so, und ich habe gesungen »The Greatest Love Of All«, und es war wirklich schön. Und dann wurden wir auf die Bühne geführt. Ann war vor mir dran, weil sie mit »H« anfängt und ich mit »P«. Ihr Vater kam und nahm sie beim Arm und blieb bei ihr stehen, und dann war ich an der Reihe, ich ging hin und sie haben gelesen, was du über mich geschrieben hast . . . danke, Mama, das war so süß. Und dann kam Bruder Hilton zu mir und nahm mich beim Arm, und wir sind auf unseren Platz gegangen. Und Mama, er ist das ganze Programm über bei mir stehengeblieben. Er ist nicht wieder zu Ann zurückgegangen. Und als alle Mädchen vorgestellt worden waren, hat ein Mann ein Lied für uns gesungen, sowas wie »Love is a Quiet Thing«. Und ich hab' angefangen zu weinen, weil ich Papa so vermißt habe, aber vor allem deshalb, weil Ann ganz alleine da stand und zu mir herübersah, und ihr Vater hatte den Arm um mich gelegt. Sie hat auch geweint, und wir beide haben das ganze Lied über geweint. Mama, Ann war glücklich, daß sie mir ihren Vater leihen konnte!«

Mutter zu sein — vor allem eine alleinerziehende Mutter — bedeutet, daß man nicht alles alleine erledigen kann. Und wenn man Glück hat, braucht man das auch nicht.

9.
Lillian

Selbst wenn man an ein Leben nach dem Tod glaubt, kann man den Tod nicht so ohne weiteres akzeptieren. Es fällt einem deshalb auch nicht leichter, wenn man sieht, wie die dreijährige Katy wie betäubt vor ihrer toten Katze steht, die zu ihren Füßen auf dem sonnenbeschienenen Fußboden liegt. Es ist deshalb auch nicht leichter, den Kindern zu erklären, daß wir die Gladiolen zum Friedhof mitnehmen, wo der Körper ihrer Großmutter jetzt in einem Sarg liegt, oder Emily klarzumachen, warum ihre Lehrerin im zweiten Schuljahr, Miss Bills, zwei Wochen vor ihrer Hochzeit an einer Gehirnblutung stirbt, oder den Kindern sagen zu müssen, daß ihr Vater das nächste Weihnachten nicht mehr erleben wird.

Wenn man seinen Kindern den Tod erklären muß, hat man sich selbst an die Vorstellung schon gewöhnt, obwohl sie immer noch keinen Sinn ergibt, immer noch absurd klingt. Man hat sie jahrelang mit sich herumgeschleppt wie Schmerzen in der Schulter, mit denen man leben muß, weil es kein Heilmittel dagegen gibt.

Man tut sein Bestes, um den Tod zu erklären, versucht, die Beziehung zwischen Seele und Körper zu verdeutlichen, indem man die Hand zur Hilfe nimmt, die man aus einem Handschuh zieht. Aber irgend etwas in einem protestiert lautstark. Nein, ich darf nicht »man« schreiben. Irgend etwas in *mir* protestiert lautstark. Ich bin zerrissen zwischen dem Trost, den mir das Neue Testament gibt, und dem Zorn von Thomas

Dylan, der Wut empfand, »Wut gegenüber dem Tod des Lichtes«.

Kurz nach Emilys Geburt begann ich mich ernsthaft mit dem Tod auseinanderzusetzen. War ich der Tür so nahe gekommen, daß ich der Gewißheit nicht mehr ausweichen konnte, daß Kommen unausweichlich auch mit Gehen verbunden ist? Ich kann mich erinnern, daß ich ein paar Monate nach der Geburt mit einem unendlichen Gefühl der Verlassenheit aufwachte. Mich beherrschte nur noch der Gedanke: »Eines Tages werde ich nicht mehr da sein!« Verwirrt starrte ich auf die dunkle Wand. Wie konnte das sein? Wie konnte ich nicht mehr sein, zumindest nicht mehr hier sein?

Drei- oder viermal im Jahr erlebe ich kurz vor dem Einschlafen das gleiche Entsetzen: Ich, so wie ich jetzt bin, lebe nicht ewig. Ich kann diesen Gedanken nicht lange ertragen. Das Leben überflutet mich wieder, wiegt mich wieder mit der Illusion von Unsterblichkeit. Tagsüber schreibe ich vertrauensvolle Gedichte über die Bedeutung göttlicher Fügung, und ich glaube daran. Aber ab und zu, drei- oder viermal im Jahr, habe ich mitten in der Nacht eine Vorahnung vom Tod des Lichts, und ich wüte dagegen.

Ich habe Verantwortung für vier Menschen, die ich durch das Leben dem Tod entgegenführen muß, und ich bin überwältigt. Ich glaube, ich habe sie an diesem ersten Tag aus zwei Gründen mit zum Altersheim genommen. Ich wollte, daß sie das Muster des Lebens verstehen, daß sie verstehen, wie das Leben an seinem Ende aussieht. Wir hatten keine Großeltern in der Gegend, aber was machte das schon. Wir konnten uns jemanden aussuchen. Außerdem bin ich der Überzeugung, daß jeder die Last des anderen tragen sollte, und ich wollte, daß die Kinder die Fähigkeit entwickeln, anderen zu helfen. Die Kinder waren einverstanden, wenn auch ein bißchen besorgt. Emily hatte mit ihrer Klasse in der Sonntagsschule schon einmal ein

Altersheim besucht. Es hatte fürchterlich gerochen, und die vielen alten Menschen hatten sie bedrückt.

»Laßt es uns mal versuchen, dann sehen wir ja, wie es ist«, schlug ich vor.

Ich rief bei einem der Altersheime am Ort an, um zu erfahren, ob jemand Besuch gebrauchen konnte. Natürlich gab es jemanden. Suchen Sie sich jemanden aus!

Wir suchten uns Lillian aus. Sie wirkte weniger abstoßend als viele der anderen alten Leute, die wir beim ersten Mal gesehen hatten. Katy war zwei Jahre alt und sah von meinem Arm auf die eingesunkenen Augen in den faltigen Gesichtern und die tiefgebeugten Körper mit der gleichen neugierigen Furcht, mit der sie die seltsamen kleinen Gestalten ansah, die an Halloween an unserer Haustür läuteten. Die Jungen, sechs und acht Jahre alt, hielten sich tapfer; sie hatten schon alte Leute gesehen, allerdings noch nie ein ganzes Haus voll. Für Emily, damals zehn Jahre alt, war es am schwierigsten.

»Ich kann sie nicht anfassen, Mama«, flüsterte sie mir verzweifelt zu, als wir vor Lillians Bett standen. »Bitte sag, daß ich sie nicht anfassen muß. Ich rede mit ihr. Ich singe ihr was vor, aber ich kann sie nicht anfassen.«

»Ist schon in Ordndung, Em«, sagte ich. »Das brauchst du auch nicht.«

Lillians Augen waren geschlossen. Ihre Haut war so weiß und dünn wie Papier, das bei einer Berührung zerfällt. Ich berührte sie leicht, und sie schlug ihre blaßblauen Augen auf und sah sich um, als hätte sie eine Vision.

»Was für hübsche Kinder«, sagte sie. »Wer seid ihr?«

Jedes der Kinder stellte sich vor. Emily lächelte und sagte ihren Namen, aber sie drückte meinen Arm und sagte atemlos: »Ich kann sie nicht anfassen, Mama. «

»Das sind also wir«, sagte ich, als die Vorstellung beendet war. »Und wer sind Sie?«

Da begann Lillian zu sprechen. Sie war ausgehungert nach Reden, und ihre Geschichten wirbelten durcheinander.

»Ich bin in Washington, D.C., zu Hause, wißt ihr. Dort wohne ich wirklich. Ich habe ein Geschäft da. Vier Präsidenten der Vereinigten Staaten sind in mein Geschäft gekommen. Eines Tages habe ich zehn Minuten mit John F. Kennedy gesprochen. So ein reizender Mann! Ich mußte den Laden aufgeben, als ich den Schlaganfall hatte, aber ich werde wieder dahin zurückgehen. Ihr werdet schon sehen, ich mache mein Geschäft wieder auf.« Lillian versuchte, ihren linken Arm zu heben, der auf ihrem Schoß lag, aber er bewegte sich kaum. Sie brach in Tränen aus. »Wenn ich mich von diesem Schlaganfall erholt habe!« Dann versiegten ihre Tränen wieder, wie ein Regenschauer, der vorbei ist, noch ehe man überhaupt darauf reagieren kann.

Lillian wandte ihr Gesicht Emily zu, und sie streckte die rechte Hand aus, als wolle sie sie berühren. Emily trat einen Schritt zurück. »So ein hübsches Mädchen«, sagte Lillian. »Was machst du? Spielst du Klavier?«

»Ein bißchen«, antwortete Emily, »aber meistens singe ich, ich singe und tanze.«

»Was?« Lillian versuchte, den Kopf zu heben, damit sie besser hören konnte.

»Ich singe«, wiederholte Emily lauter. »Ich tanze und singe.«

Lillian brach wieder in Tränen aus. »Du singst? Du singst? Ich war auch Sängerin! Ich habe in New York gesungen!«

»Wirklich?« Emily war fasziniert. »Auf der Bühne?«

»Nur im Chor. Aber ich hatte eine hübsche Stimme. Alle haben mir gesagt, daß ich eine hübsche Stimme habe. Ich habe in *The Music Box* mitgesungen. Kennst du das Stück?«

Emily schüttelte den Kopf.

»Und ich war in einer Show mit Fanny Brice. Du kennst doch Fanny Brice.«

Emily schüttelte wieder den Kopf.

»Natürlich kennst du sie, Emily«, sagte ich. »Barbra Streisand hat sie in *Funny Girl* gespielt.«

»Wirklich?« Als ich Emily mit offenem Mund da stehen sah, wurde mir meine eigene Überraschung bewußt. Diese elende, unbewegliche alte Frau, die hier im Bett lag, hatte auf einer New Yorker Bühne gesungen? Sie war professionelle Sängerin? Sofort schämte ich mich meiner Überraschung. Warum eigentlich nicht? In den Kostümen an Halloween, unter dem Gespensterlaken oder der Maske einer Hexe steckte immer eine wirkliche Person. Und hier lag Lillian, als alte Frau verkleidet. Aber unter ihren weißen Haaren und der papierdünnen Haut steckte natürlich eine wirkliche Person. In vierzig Jahren, wenn ich in einem solchen Heim leben würde, würde vielleicht auch ein Besucher darüber staunen, daß diese kleine alte Frau, die noch nicht einmal ihren Kopf drehen konnte, einmal jemand war.

Lillian war wirklich, und ich sollte mich besser in acht nehmen, wie ich sie benutzte. Sie benutzte? Ich benutzte sie doch nicht, oder? Ich hatte die Kinder hierher gebracht, damit sie Unterricht am lebenden Objekt bekamen. Und als Objekt hatte ich Lillian ausgewählt. Ich hatte die Kinder in ihre schönsten Sonntagskleider gesteckt und sie hierher geschleppt, damit sie etwas über das Alter lernten und wie sie helfen konnten. Ich hatte kein neues Spielzeug für die Kinder angeschafft, aber wir waren ganz klar hauptsächlich wegen der Kinder hier, und nicht wegen Lillian.

Ich fragte Lillian nach ihrer Familie.

»Zwei Kinder sind tot. Mein Sohn aus dem Osten ruft mich jeden Sonntag an, jeden Sonntag um zwei Uhr. Was ist heute für ein Tag?«

»Sonntag. In einer Stunde wird er anrufen.«

»Und ich habe eine Tochter, die hier in der Nähe wohnt.«

»Das ist gut, dann sehen Sie sie ja öfter.«

»Nein, sie kommt mich nicht besuchen. Sie war erst einmal

da, und das ist schon lange her.« Lillians Gesicht bewölkte sich. »Sie kann es nicht ertragen, mich hier so liegen zu sehen. Sie sagt, sie kann es einfach nicht ertragen, deshalb kommt sie nicht mehr.« Lillian weinte ein paar Sekunden lang, dann hörte sie wieder auf.

Ich war entrüstet. Lillian hatte eine Tochter hier in der Nähe, die sie nicht besuchte, weil sie es nicht ertragen konnte, ihre Mutter wegen eines Schlaganfalls hier so liegen zu sehen? Ich, eine vollkommen Fremde, war hier, und ihre eigene Tochter kam nicht?

Plötzlich durchzuckte mich die Erinnerung an ein fünfzehnjähriges Mädchen, das nach allen möglichen Entschuldigungen suchte, um seine sterbende Mutter nicht im Krankenhaus besuchen zu müssen.

Ich war das. Meine Mutter hatte Krebs und hatte, abgesehen von ein paar kurzen Aufenthalten zu Hause, monatelang im Krankenhaus gelegen. In diesen letzten Monaten hatte ich sie immer weniger besucht. Ich konnte es einfach nicht ertragen! Wie sollte ich es aushalten mitanzusehen, wie sie immer dünner und dünner wurde? Ich war jung. Ich wollte das Leben, nicht den Tod. Ich wollte nicht ins Krankenhaus gehen und sehen müssen, wie meine Mutter starb. Ich wollte mit meinen Freundinnen zusammen sein, die lebendig waren und immer leben würden. Ich wollte in die Stadt gehen, wo man Dinge *bekam* und nicht *weggenommen* bekam. Ich wollte fernsehen, wo die Menschen sich rasch bewegten und laut redeten und wo das Publikum lachte, und wenn jemand starb, wußte man, daß es nur ein Film war. Die Tage vergingen, und ich fand immer wieder neue Entschuldigungen, um nicht ins Krankenhaus gehen zu müssen. Länger als eine Woche.

Nach dem Tod meiner Mutter weinte ich über vieles. Ein Grund für meine Tränen war die Tatsache, daß ich nicht ins Krankenhaus gegangen war, als es meine Pflicht gewesen war. Ich fühlte mich schrecklich schuldig, und in meiner Erinnerung lag sie in ihrem Krankenhausbett und fragte meinen Vater: »Wo ist Carol Lynn?«

»Sie hat so viel im Haushalt zu tun. Sie kommt morgen abend.«

Ich hatte richtige Alpträume deswegen. Meine Mutter lebte noch und war noch im Krankenhaus, aber wir alle hatten vergessen, daß sie da war. Plötzlich entdeckte ich, daß sie seit Monaten im Keller gelegen hatte, und ich weinte, ging hin und versuchte, sie nach Hause zu holen. Manchmal gelang es mir im Traum, sie nach Hause zu bringen und ihr zu sagen, wie leid es mir täte, daß ich sie vor ihrem Tod so vernachlässigt hatte.

Wann immer ich als Erwachsene eine ältere Frau in einem Krankenhaus oder einem Altersheim sah, regte sich etwas in mir und ich mußte einfach etwas tun, ihre Hand nehmen, sie über die Schulter streicheln, mit ihr reden. Und ich wußte, daß ich das eigentlich für meine Mutter tat, daß ich versuchte, wiedergutzumachen, daß ich so egoistisch gewesen war, so unfähig, eben einfach fünfzehn Jahre.

»Du kannst singen, Emily?« sagte Lillian. »Singst du mir etwas vor?«

»Klar. Wir singen alle.« Emily nahm Katy auf den Arm und schob die Jungen näher an das Bett heran. Dann stimmte sie »You are my sunshine« an.

Als sie zu Ende gesungen hatten, klopfte Lillian mit ihrer gesunden Hand an ihren Oberschenkel und wieder kamen ihr die Tränen. »Wunderschön!« sagte sie. »Das war wunderschön! Schwester! Schwester!« Lillian rief so lange, bis jemand kam, eine müde, aber geduldige Frau im mittleren Alter, gebeugt von der Mühe, Patienten umzudrehen.

»Toilette, Lillian?« fragte sie.

»Singt nochmal«, bat Lillian die Kinder. »Singt es noch mal für Beverly!«

Die Kinder sangen das Lied noch einmal.

»Toll!« sagte die Schwester und klatschte Beifall. »Richtig

toll! Sind das Ihre Enkel, Lillian? Ich wußte gar nicht, daß Ihre Familie hier in der Nähe wohnt.«

»Nein«, sagte Lillian und brach wieder in Tränen aus. »Das sind meine . . . Freunde.«

Beverly sah mich voller Hochachtung an. »Freunde. Wie schön, wenn man solche Freunde hat.«

Ich sah betreten zu Boden. Aber warum war es mir eigentlich peinlich?

Freunde? War ich Lillians Freundin? Wir waren zu einer Feldstudie hierhergekommen, um etwas über Freundlichkeit und das Alter zu lernen. Wir waren gekommen, um ein Publikum zu finden, und das Publikum hatte gelächelt und Beifall geklatscht, wenn auch nur mit einer gesunden Hand. Ich war gekommen, um meiner Mutter einen verspäteten Besuch abzustatten, meiner Mutter, die ich im Krankenhaus vergessen hatte.

Aber Freunde? Waren wir gekommen, um Freunde zu werden? Ich nahm das Wort ernst. Ich wußte, es bedeutete, daß wir uns wirklich um sie kümmern mußten.

»Kinder«, sagte ich, »hört mal zu. Lillian möchte, daß wir ihre Freunde sind. Was haltet ihr davon?«

Die Kinder sahen mich an und nickten. »Okay.«

»Ein Freund«, sagte ich, »ist jemand, der wiederkommt.«

Sie blickten einander an, dann blickten sie auf Lillian, dann wieder zu mir. »Okay.«

Als wir ein paar Minuten später gingen, beugte ich mich über Lillian und küßte sie auf die Stirn. Sie roch nach Staub. »Bis bald, Lillian«, sagte ich.

»Kommen Sie wieder?«

»Bald.«

Die Jungen folgten pflichteifrig meinem Beispiel und gaben Lillian einen Kuß auf die Stirn. Ich hielt ihr Katys Hand hin, damit sie sie drücken konnte, und nahm dann Emily am Ellbogen, damit wir gehen konnten. Aber Emily ging noch einmal zu ihr und streckte langsam ihre Hand nach dem toten Arm aus, der auf der Bettdecke lag.

»Auf Wiedersehen, Lillian«, sagte sie und streichelte vorsichtig über die fast durchsichtige Hand.

Von den zahlreichen Besuchen, die folgten, hatten wir alle etwas. Wir zogen eine tiefe Befriedigung aus der Tatsache, daß wir Lillians Freunde waren, und wir machten ihr die letzten sieben Jahre ihres Lebens heller und erfreulicher. Wir versuchten immer, ihr Dinge zu erzählen, die sie zum Lächeln brachten.

»Lillian«, sagte Emily, »weißt du, was die Jungen auf dem Weg hierhin gesagt haben?«

»Was?«

»Aaron hat gesagt ›Mama, morgen müssen wir nicht in die Schule gehen. Es ist Veterinärs-Tag.‹«

Lillian gluckste. »Hat er gesagt ›Veterinärs-Tag‹?«

»Und dann hat John gesagt ›Aaron, weißt du nicht, was ein Veterinär ist? Das ist einer, der kein Fleisch ißt!‹«

Wir lachten alle, und Lillian erzählte die Geschichte jedem, der in den nächsten Tagen zu ihr kam.

Einmal holten wir sie und ihre Zimmergenossin Geneva zu uns nach Hause zum Abendessen. Und einmal nahmen wir sie mit in die Kirche, damit sie sich ein Musical ansehen konnte, in dem die Kinder mitspielten. (Aber nachdem Lillian, ich und ihre Gehhilfe einmal in der Tür zu dem winzigen Ruheraum stekken geblieben waren, beschloß ich, daß wir unsere Besuche besser auf ihr Gebiet beschränkten.) Wir sangen ihr Weihnachtschoräle vor und brachten ihr am Heiligen Abend rote und grüne Weihnachtsplätzchen mit. Wir lasen ihr aus der Bibel vor und aus Anne Morrow Lindberghs *Muscheln in meiner Hand*. Aaron brachte seine Gitarre mit und brachte Lillian zum Staunen. Und immer wieder baten wir sie, aus der Zeit zu erzählen, als sie ein kleines Mädchen war. Mit der Zeit fiel es sogar Katy auf, wenn wir einmal eine Weile nicht dagewesen waren, und sie sagte: »Mama, sollten wir nicht wieder mal Lillian besuchen?«

Im Januar des letzten Jahres fanden wir Lillian nicht in ihrem Zimmer. Eine Schwester sagte uns, sie sei vor ein paar Wochen gestorben.

»Gut für sie«, sagte Emily, die mittlerweile siebzehn war. »Sie hatte keine Freude mehr am Leben. Gut für sie.«

Als ich an diesem Abend zu Bett ging, hoffte ich, daß Lillian sanft eingeschlafen war und nicht zu sehr hatte kämpfen müssen. Und ich hoffte, sie war mit guten Erinnerungen gegangen, vielleicht an meine Kinder, die in ihren besten Kleidern an ihrem Bett standen und sangen.

Ich mag den Gedanken an den Tod noch immer nicht. Wenn es nach mir ginge, müßte der Tod so vorhersehbar und angenehm wie eine Geburt sein. Wir würden uns zusammenrollen wie Säuglinge und einfach kleiner und kleiner werden, bis wir verschwunden wären. (Niemand meidet einen Körper auf seinem Weg ins Leben, nur auf seinem Weg aus dem Leben; Neugeborene riechen so gut, daß jeder sie halten will.)

Ich bin mittlerweile auch schon auf dem Weg aus dem Leben, und ich hasse dieses Bewußtsein. Ich glaube an Gott und an den Himmel und das ewige Leben. Ich glaube daran, daß wir an einem lichteren Ort erwachen. Aber mit Gewißheit weiß ich nur eins. Wir können einander beim Kommen und Gehen helfen. Wenn unser Leben dem Ende zugeht und unsere Haut papierdünn wird, können wir uns am Bett versammeln und füreinander singen.

Aaron hat versprochen, er würde so reich werden, daß er mir ein eigenes Altersheim kaufen kann, das ganz toll sein wird. Und John hat versprochen, mir immer Apfelsauce zu kochen. Wenn ich Glück habe, kann ich abwechselnd bei ihnen wohnen, wie meine drei Vettern es mit Tante Mamie gemacht haben, und ich kann ihnen den Frühstückstisch decken und ihre Betten machen und ihnen Dutzende von Kleiderbügelhüllen häkeln. Mir würde das gefallen. Vielleicht regen sich manche Leute darüber auf. Aber Emily, John, Aaron und Katy werden da sein. Sie werden älter sein als fünfzehn, und sie werden jahrelange Erfahrung mit alten Leuten haben, und sie werden mich anfassen und für mich singen und ihre Kinder für mich singen lassen, auch wenn sie keine Lust dazu haben.

Bitte, Gott, laß sie da sein.

10.
Wie wäre es mit einem netten Goldfisch?

Ich gebe es nur ungern zu, aber ich bin nicht gerade verrückt auf Haustiere. Ich habe gern mit Menschen zu tun, aber für das Leben von Tieren oder Pflanzen habe ich nicht so besonders viel übrig.

Grün im Haus kann man heutzutage mit Seidenblumen vortäuschen. Bei Tieren funktioniert das nicht. Stofftiere sind nur ein mäßiger Ersatz, und obwohl ich keine Tiere brauche, so brauche ich doch Kinder, und Kinder brauchen Tiere, und damit sind wir beim Thema.

Fragen Sie mich nicht, warum ich keine Tiere liebe. Ich kann mich erinnern, daß ich als Dreijährige einmal vom Familientruthahn verfolgt wurde und von den unteren Ästen eines Baumes nach meinem Vater geschrien habe. Und als Zehnjährige bin ich auf meinem Fahrrad einmal vor einem Bullen geflüchtet, der auf einer staubigen schmalen Straße in Gusher hinter mir herraste. Und ich kann mich noch lebhaft daran erinnern, wie ich einmal mit meinem Auto einen Elch gerammt habe, der plötzlich auf dem Highway auftauchte; wir waren beide völlig fassungslos, aber wir haben den Zusammenstoß überlebt.

Ich habe jedoch keinen Grund, ganz normale Haustiere nicht zu mögen. Unser Familienhund, Gyp, war jahrelang ein großer Trost für uns. Aber damals war ich ein Kind und brauchte einen Hund. Als ich dann Mutter war, vor allem alleinerziehende Mutter von vier Kindern, brauchte ich nur Dinge, die das Leben einfacher machten, und ein Haustier bedeutete zusätzliche Verantwortung, ein Lebewesen mehr, um das ich mir Sorgen machen mußte.

Die ersten Bitten der Kinder um einen Hund oder eine Katze trafen auf den Gegenvorschlag: »Wie wäre es mit einem netten Goldfisch?«

Und ein Goldfisch war auch eins der ersten Haustiere, das wir anschafften. John gewann ihn im dritten Schuljahr beim jährlichen Schulkarneval. Ich hatte nichts dagegen. Was für Probleme konnte ein Goldfisch schon machen?

Stolz brachte John ihn mit nach Hause und schüttete ihn aus der Plastiktüte in das Goldfischglas. Glücklich schwamm er ein paar Wochen lang in seinem Glas auf der Küchentheke herum.

»John«, sagte ich eines Morgens beim Frühstück, »du mußt das Glas mal saubermachen. Da fangen so komische Sachen an den Wänden zu wachsen an, und schließlich essen wir hier.«

»Gleich nach der Schule, Mama«, sagte er und griff nach seinen Büchern. »Ich versprech's dir. Könntest du vielleicht das Wasser schon mal wechseln, damit der Fisch bis dahin überlebt? Bitte!«

Dumm wie ich war, willigte ich ein. In den letzten Jahren bin ich mit meinem Einverständnis vorsichtiger geworden, aber an diesem Morgen willigte ich ein.

Da ich nie einen Goldfisch besessen hatte, hatte ich auch noch nie einem das Wasser gewechselt. Ich ging zur Spüle, fischte das glitzernde, glitschige kleine Wesen mit einem kleinen Sieb heraus, und mußte zusehen, wie es zappelte, sich herauswand und im Spülbecken . . . und im Abfluß verschwand! Ich starrte ungläubig auf den Abfluß. Du liebe Güte! Ich hatte Johns Goldfisch verloren! Er war für immer weg! Wie sollte ich John das nach der Schule erklären?

Ich rannte zum Auto und fuhr zu Steffi's, der Tierhandlung am Ort, ging hinein und sagte zu dem Angestellten: »Schnell, geben Sie mir einen Goldfisch! Der Goldfisch meines Sohnes ist gerade im Abfluß der Spüle verschwunden, und ich muß einen neuen besorgen, bevor er aus der Schule kommt.«

Der junge Mann sah mich verächtlich an und meinte: »Das wird wohl nicht klappen. Kinder kennen ihren Goldfisch!«

»Zeigen Sie mir doch mal einen«, bat ich.

Wir gingen zu dem großen Fischbassin, das voller glänzender, hin- und herschießender Goldpfeile war. Ich beugte mich dicht über das Wasser. Alle Fische waren nur ungefähr halb so groß wie der, der mir abhanden gekommen war.

Also kaufte ich zwei.

Ich nahm sie mit nach Hause, schüttete sie in das Glas und sagte niemandem etwas. John säuberte an diesem Abend das Glas nicht. John machte es auch am nächsten Morgen nicht sauber. Aber beim Frühstück sagte er plötzlich: »Da sind ja zwei Goldfische im Glas!«

»Du spinnst ja!« sagte Aaron. »Da sind doch keine zwei Goldfische.«

John stand auf und wies auf das Glas. »Doch! Da sind zwei Goldfische. Guck doch mal!«

Alle vier Kinder beugten sich über das Glas und sahen sich dann erstaunt an. Dann blickten sie mich an.

»Ich will dich nicht anlügen, John«, sagte ich. »Ich habe deinen Goldfisch fallen lassen. Er ist mir heruntergefallen und in zwei Teile zerbrochen.«

Mit Katzen hatte ich ein bißchen mehr Erfolg — ich war nicht gerade versessen auf sie, aber ich habe auch nie einer der zahlreichen Katzen, die wir im Haus hatten, ein ernsthaftes Leid zugefügt, trotz der Tatsache, daß Juliet das künstliche Feuer in unserem Kamin mit Vorliebe als Katzenklo benutzte. Juliet war unsere Hauptkatze. Als Emily ungefähr neun war und seit mindestens einem Jahr nach einer Katze gejammert hatte, ließ ich mich erweichen und fuhr mit ihr ins Tierheim, damit sie sich eine aussuchen konnte. Sie hatte mir Bilder von dem Kätzchen gezeigt, das sie sich vorstellte. Es sollte blond und süß sein. Alle Kinder in unserer Familie waren blond und süß, und da durfte das Kätzchen natürlich keine Ausnahme machen. Es gab jedoch keine blonden, süßen Kätzchen im Tierheim an diesem Tag. Emily war untröstlich. Als ich sah, wie sie ein mageres schwarzweißes Kätzchen begutachtete, sagte ich zu ihr: »Emily, wir müssen ja nicht unbedingt heute ein Kätzchen mitnehmen, weißt du. Blonde Kätzchen sind nicht die einzigen echten Katzen, und auch ein schwarzweißes Kätzchen kann süß sein. Wenn du es aber aus irgendeinem Grund nicht so sehr liebhaben würdest, wäre es unfair dem Kätzchen gegenüber, es mit nach Hause zu nehmen. Nimm dir also Zeit. Wir können ja noch mal hierherkommen.«

»Aber guck doch mal, Mama. Sie mag mich! Und sie ist so süß!« Das Kätzchen nieste, und Emily war augenblicklich hingerissen und schwor, sie würde das Kätzchen nicht weniger liebhaben als das, was sie sich vorgestellt hatte. Also nahmen wir die kleine Katze mit nach Hause und nannten sie Juliet. Sie wurde geliebt.

Ein paar Jahre später, als Katy neun war, verbrachte sie wesentlich mehr Zeit mit Juliet als Emily, die ihrerseits wesentlich mehr Zeit mit Kleidern, Make-up und Telefonieren verbrachte.

Juliet schlief schon seit zwei Jahren auf Katys Bett, ausschließlich geliebt und gepflegt von Katy, als sie eines Abends mit der schnurrenden Katze in ihren Armen zu mir sagte: »Mama, weißt du was? Juliet denkt, ich bin ihr Frauchen. Sie weiß gar nicht, daß sie eigentlich Emily gehört.«

Am nächsten Tag sprach ich mit Emily darüber, die der entzückten Katy sofort eine Adoptionsurkunde ausstellte, die ihr die volle und absolute Autorität als Juliets Frauchen bescheinigte.

Meine schönste Erinnerung an Juliet ist die Geburt ihrer Kätzchen. Ich glaube, für einen Nichtliebhaber von Tieren habe ich mich bei diesem Ereignis ganz tapfer geschlagen. Wir wußten, daß Juliet bald werfen mußte, deshalb schärfte ich der fünfjährigen Katy ein, sie gut im Auge zu behalten und mir sofort Bescheid zu sagen, wenn etwas Außergewöhnliches passierte. Ich saß gerade in meinem Arbeitszimmer, als Katy aufgeregt hereinstürmte.

»Mama, Mama! Da ist ein bißchen Blut auf Johnnys Bett und unter Juliets Schwanz. Komm Schnell!«

»Tja, Katy«, sagte ich. »Die Kätzchen klopfen an die Tür!« Vorsichtig nahm ich Juliet hoch und brachte sie zu ihrem Körbchen neben dem Trockner im Haushaltsraum. Ihr Bettzeug hatte ich am Abend vorher schon gewaschen.

»Bleib bei ihr, Katy. Rühr dich nicht vom Fleck!« Rasch lief ich zum Telefon und rief in der Schule an. »Hier ist Mrs. Pearson«, sagte ich. »Meine drei Kinder sollen bitte sofort wegen einer dringenden Familienangelegenheit nach Hause kommen.«

»Oh«, sagte die Sekretärin, »ja, sicher.«

»Können Sie in fünf Minuten vor der Schule stehen?«

»Natürlich!«

Ich hatte leichte Schuldgefühle, als ich ins Auto stieg und schnell zur Schule fuhr. Die Schule hatte uns gebeten, Arzt- und Zahnarzttermine möglichst nicht während der Schulstunden zu vereinbaren, aber davon, daß die Kinder nach Hause kommen durften, um bei der Geburt von kleinen Kätzchen zuzusehen, hatten sie nichts gesagt. Die Sekretärin dachte wahrscheinlich, wir hätten einen Todesfall in der Familie.

»Was ist los?« fragte Emily ängstlich, als die drei ins Auto kletterten.

»Wir feiern eine Geburtstagsparty«, sagte ich.

»Was?«

»Juliets Kätzchen kommen zur Welt!«

»Wirklich?« fragten John und Emily unisono.

»Drück das Gaspedal durch, Mama«, drängte Aaron.

Als wir ins Haus kamen, fanden wir Katy in Tränen aufgelöst. »Juliet ist weggelaufen, Mama. Ich weiß nicht, wo sie ist.«

Wir durchsuchten jedes Zimmer, jeden Schrank und sahen auch unter jedes Bett. Schließlich fanden wir Juliet im Wäscheschrank im Obergeschoß. Die Kinder drängten sich vor dem Schrank und blickten hinein. Juliet wand sich und jammerte.

»Was sollen wir tun, Mama?« fragte Aaron besorgt.

»Wir können nicht viel tun. Juliet macht das schon alleine. Wir können höchstens ein kleines Gebet für sie sprechen. Emily, willst du das tun?«

Wir knieten vor dem offenen Leinenschrank nieder, schlossen die Augen und falteten die Hände. Emily betete, daß Juliet nicht so schlimme Schmerzen haben möge und daß sie gesunde Kätzchen bekam. Kaum hatten wir »amen« gesagt, als Juliet laut jammerte. Wir öffneten die Augen und sahen fasziniert hin. Innerhalb weniger Minuten tauchte ein kleines, schwarzes, feuchtes Bündel auf. Dann noch eins. Und noch eins.

»Es sind fünf!« schrie Emily, als alles vorbei war. »Aber was ist denn da noch für ein Zeug?«

»Das ist die Plazenta«, sagte ich. »Ich hab' euch doch schon von der Plazenta erzählt.«

»Aber sie . . . sie frißt sie auf! Ihh, wie eklig! Ähh! Juliet, wie kannst du nur?«

Wir machten die Schranktür zu und überließen Juliet ihren Nachkommen.

Leider überlebte keins der fünf Kätzchen. Ein Katzenexperte sagte uns, daß Juliet noch viel zu jung war, um werfen zu können, aber wir hatten es nicht besser gewußt, und Juliet offensichtlich auch nicht.

»Juliet hatte einen ganzen Haufen Junge«, hörte ich Katy einer Freundin erklären. »Aber sie sind nicht am Leben geblieben.«

»Laßt euch das eine Lehre sein«, erklärte ich den Kindern,

als wir darüber redeten. »Teenager-Schwangerschaften sind keine besonders gute Idee. Für keinen.«

Emily verdrehte die Augen.

Wir beschlossen, daß wir Juliet, bevor wir sie sterilisieren ließen, noch eine Chance zur Mutterschaft geben wollten.

Im folgenden Jahr hatte sie wieder einen Wurf. Und dieses Mal überlebten alle Kätzchen.

Und nun zu der Boa Constrictor.

Ich dachte, ich hörte nicht richtig, als John mich in der Einfahrt darauf ansprach, aber dann fürchtete ich, doch richtig gehört zu haben. Sein bester Freund Mark war dabei, ein kleingeratener, kluger Junge mit einer Nickelbrille, der Johns sämtliche Interessen teilte. Beide Jungen sahen aus, als sei etwas wirklich Bemerkenswertes im Gange.

»Mama, ich habe eine Boa gewonnen. Kann ich sie behalten?«

»Eine Boa? Du meinst, eines von diesen Federdingern?«

»Eine richtige Boa! In einem Käfig! Sie haben gesagt, ich muß dich erst um Erlaubnis fragen. Darf ich? Bitte!«

»Eine Boa . . . als Schlange?«

»Ja! Zwei Meter fünfzig lang!«

»Du machst doch hoffentlich Witze?«

In Johns Zimmer lebten bereits diverse Reptilien, und er las alle Bücher darüber, die er bekommen konnte. Er war schon seit langem zu der Überzeugung gekommen, daß es mit der Welt weit besser bestellt wäre, wenn die Menschheit ausgelöscht wäre und die Tiere miteinander in Frieden leben könnten. Ich hatte manchmal das Gefühl, er konnte mit Tieren und Pflanzen mehr anfangen als mit Menschen. Als er wegen einer Halsentzündung beim Arzt war, fragte dieser ihn: »Hast du noch andere Symptome festgestellt?«

»Ja«, sagte John, »gestern war mein Dung schwarz.«

»Wie bitte? Deine Zunge war schwarz?«

»Nein, mein Dung. Mein Dung war schwarz.«

Ich war also bei John an seltsame Dinge gewöhnt. Aber so etwas!

»Ich hab' den ersten Preis gewonnen«, fuhr er fort. »Ich habe drei Lose bei der Amphibien- und Reptiliengesellschaft gekauft, wo ich heute mit Mark war. Die Boa war der Hauptgewinn, und ich habe sie gewonnen!«

Mir schwebte das Bild einer kalten, schleimigen, zwei Meter fünfzig langen Schlange vor. John war total aus dem Häuschen. Ich überlegte. Meine ursprüngliche Antipathie kämpfte einen Moment lang mit mütterlicher Liebe. Dann siegte die mütterliche Liebe. »Klar«, sagte ich. »Warum nicht?«

»Oh, Mann«, jubelte John. »Danke, Mama. Siehst du, Mark? Ich hab' dir ja gesagt, daß sie in Ordnung ist!«

»Ißt sie am Tisch mit?«

»Boa Constrictors machen überhaupt keine Arbeit«, griff Mark ein. »Sie essen nur ein- oder zweimal im Monat.«

»Salat? Spinat?«

»Ratten.«

Meine ursprüngliche Antipathie gewann wieder die Oberhand, und ich öffnete den Mund, um etwas zu sagen, aber es war schon zu spät. John war bereits auf dem Weg zum Telefon, um dem Mann zu sagen, ja, seine nette Mutter hätte nichts gegen eine Boa Constrictor.

Johns Zimmer wurde zum Wallfahrtsort des Hauses. Nachbarkinder gingen mit weit aufgerissenen Augen ein und aus. Erwachsene Besucher sagten ungläubig »Ist da oben wirklich eine Boa?« und machten sich dann mutig auf, um sie sich anzusehen, oder sie lehnten höflich ab. Nach einer Weile gewöhnte ich mich an die Vorstellung und vergaß beinahe, daß ich nur durch meine Schlafzimmerwand von einem zweieinhalb Meter langen Reptil getrennt war.

»Mama?« fragte John mich eines Abends leicht verstört. »Hast du die Boa gesehen?«

Ein Schauer lief mir über den Rücken. Ich drehte mich langsam um und sah ihn an. John brach in lautes Lachen aus. »Es war nur ein Witz, Mama. Ich wollte dich nur erschrekken.«

Das Futter für die Boa war ein Problem. Ungefähr drei Wochen, nachdem sie bei uns eingezogen war, erklärte John, sie müsse jetzt gefüttert werden. Er nahm seine Ersparnisse, ging zum Tierladen und kaufte zwei große Ratten.

»Die Boa muß jetzt gefüttert werden«, erklärte er nach dem Abendessen. »Wer möchte zusehen?«

»Du bist krank und verrückt, John«, sagte Emily, die, seit die Schlange da war, keinen Fuß mehr in Johns Zimmer gesetzt hatte. »Du bist wirklich krank!«

»Das ist doch nur die natürliche Nahrungskette«, erwiderte John. »Das hab' ich doch nicht erfunden. Die Natur ist eben so. Du ißt Kühe, und Boas fressen Ratten.«

»Ich möchte zusehen«, sagte Aaron.

»Das sieht dir ähnlich«, erwiderte Emily.

»Ich auch«, sagte Katy.

Emily stöhnte, als sie ihren drei unzivilisierten jüngeren Geschwistern nachsah.

Ein paar Stunden später kamen sie die Treppe wieder hinunter. John lächelte triumphierend. »Alles in Ordnung! Sie hat sie alle beide gefressen.«

»Und ganz sauber«, sagte Katy. »Sogar die Schwänze!«

Emily hielt sich die Hand vor den Mund und rannte aus dem Zimmer.

Das Faß lief für Emily über, als John für die nächste Mahlzeit ein Kaninchen mit nach Hause brachte.

Im Tierladen gab es keine Ratten mehr, und John hatte gelesen, daß man einer Boa statt zwei Ratten auch ein Kaninchen anbieten konnte. Also brachte er ein Kaninchen mit nach Hause.

»Oh, wie süß«, sagte Katy und streichelte das braunweiße

Fell. Dann blickte sie John an. »Wirst du es der Boa zu fressen geben?«

»Klar.«

»Sag Emily besser nichts davon.«

Aber jemand erzählte es Emily doch, ich bin mir nur nicht ganz sicher, wer es war. Kurz nachdem John das Kaninchen in den Käfig gesperrt und das Haus verlassen hatte, stürmten Emily und ihre Freundin Suzy in mein Zimmer. »Will John das Kaninchen an die Boa verfüttern?« fragte sie mit loderndem Blick. »Das süße kleine Häschen?«

»Ich glaube, er hat es schon getan«, sagte ich.

Emily raste zu Johns Zimmer. Ihr Schrei zerriß die Luft. »Nein!«

Das Häschen kauerte wimmernd in einer Ecke des Käfigs. Die Schlange lag zusammengerollt in der anderen Ecke und hatte wohl gerade erst gemerkt, daß man ihr das Frühstück serviert hatte.

»Schnell, Suzy. Ich mache den Käfig auf, und du packst das Kaninchen.«

»Ich soll das Kaninchen packen? Du packst das Kaninchen!«

»Okay. Dann pack' ich eben das Kaninchen.«

Quietschend und schreiend öffnete Suzy den Käfig, und Emily griff nach dem Kaninchen.

»Schnell!«

»Hilf mir!«

»Schnell!«

»Paß auf!«

Die Käfigtür schlug wieder zu, und die Mädchen tauchten mit dem zitternden Kaninchen in Emilys Armen auf.

»Wie konnte er nur? Wie konnte er so etwas tun? Guck dir das an!«

»Und was jetzt, Emily?« fragte ich.

»Ich bringe das Kaninchen jetzt sofort in das Alexander Lindsay Junior Museum. Dort beschützen sie Tiere!«

»Und was ist mit der Boa? John wird ein anderes Kaninchen kaufen müssen. Im Tierladen gab es keine Ratten mehr.«

»Ich besorge ein paar Ratten«, sagte Emily.

Zwei Stunden später kamen die Mädchen mit einer großen weißen Schachtel wieder.

»Wir waren in vier Tierläden«, sagte Emily. »Es war absolut ekelhaft! Ich finde Ratten genauso eklig wie Schlangen, und ich mußte die Schachtel den ganzen Heimweg über auf dem Schoß halten. Immer wenn wir in die Kurve gingen, liefen sie mit ihren ekligen kleinen Füßen auf die andere Seite der Schachtel. Ihh!«

Vom Flur aus lauschte ich dem Gespräch der Mädchen in Johns Zimmer.

»Du öffnest den Käfig, und ich schütte die Ratten rein.«

Quietschen. Ein Plumps. Schreie.

»Fang sie ein!«

»Du kannst sie einfangen!«

Quietschen. Plumpsen. Kreischen. Kichern. Die Mädchen schossen aus Johns Zimmer heraus und schlugen atemlos und hysterisch lachend die Tür hinter sich zu.

Als John nach Hause kam, trat Emily ihm kühl entgegen. »John, irgendwo in deinem Zimmer sind eine Boa und zwei Ratten. Das Häschen ist in Sicherheit im Alexander Lindsay Junior Museum.«

John verdaute diese Information einen Augenblick lang, und dann nickte er weise mit dem Kopf. »Emily, weißt du, was sie im Lindsay Museum an die Schlangen verfüttern?«

»Was?«

»Ratten. Ratten und Kaninchen.«

Irgendwann vermachte John die Boa einer Tierarztpraxis. Die Tiere, die wir jetzt im Haus haben, sind nicht mehr ganz so exotisch. Selbst eine Mutter, die nicht so begeistert von Haustieren ist, kann sich damit arrangieren. Katys Hamster prallt manchmal mit seinem Plastiklaufball auf meine Knöchel. Die Grillen, die John gekauft hatte, um sie an die Schildkröten zu verfüttern, entkamen irgendwann, und ich wachte nachts um zwei von einem freudigen Zirpen an meinem Ohr auf, packte einen Schuh und jagte ein kleines, schwarzes Wesen durch mein Schlafzimmer, erwischte es aber nicht. Jesse, der arme schwarze Hund, den John am Creek gefunden und für ein Geschenk der Götter erklärt hat, findet immer kreativere Möglichkeiten, wegzulaufen und im Müll der Nachbarschaft herumzuwühlen. Er hat einigen Ruhm dadurch erlangt, daß er sämtliche frischgebackenen Weihnachtsplätzchen aufgefressen und in Johns Zimmer wieder von sich gegeben hat. Und Katys Hündchen, eine anbetungswürdige, unmögliche Kreatur, kläfft dauernd.

Aber ich kann damit umgehen. Wenn Mütter nach ihrer Toleranz und ihrer Begeisterung für die Haustiere ihrer Kinder beurteilt werden, schneide ich wohl relativ gut ab.

Schließlich sage ich ab und zu irgend etwas Nettes zu Jesse, wenn ich ihn aus der Garage in den Garten lasse. Manchmal klopfe ich ihm sogar auf den Kopf.

»John liebt dich, Jesse«, sage ich. »John liebt dich!«

11.
Meine Karos passen nicht

Mitten in meinem Vortrag entdeckte ich ein vertrautes Gesicht im Publikum, ein rundes, lächelndes Gesicht, eingerahmt von kurzem grauen Haar. O Mann, das war doch Mrs. Jacobs, meine alte Haushaltslehrerin! Wie lange war das schon her!

Ich stockte keinen Augenblick in meinem Vortrag, aber in Gedanken war ich plötzlich im Haushaltsraum in der High School in Provo, Utah und lauschte mit zwanzig anderen jungen Frauen den Ausführungen von Mrs. Jacobs, damit wir die Dinge lernten, die den Rest unseres Lebens ausmachen würden: Kochen und Nähen. »Nun, Mädchen, ihr müßt die Säume öffnen und dämpfen. Manche tun das nicht. Seht mal: Das ist ein Saum, der nicht geöffnet und gedämpft wurde. Dieser Saum dagegen ist geöffnet und gedämpft worden. Welcher ist schöner? Dieser natürlich. Wenn ihr euch jetzt daran gewöhnt, müßt ihr später nie mehr darüber nachdenken, ihr werdet es einfach tun. Und wenn ihr das Schnittmuster auf den Stoff legt, vor allem, wenn der Stoff kariert ist, wie Lindas hier, oder gestreift wie Shaunas . . . halt ihn mal hoch, Shauna . . . hoch.«

Abwechselnd saßen wir an den schwarzen, glänzenden Singer Nähmaschinen und versuchten angestrengt, unsere Karos passend zu nähen, und unsere Säume waren flach, als sei das einer unserer Glaubensgrundsätze. Der Rock, den ich nähte, war wirklich hübsch, aber die Bluse hatte Ausbuchtungen an Stellen, an denen ich keine hatte, und deshalb fand sie bald ihren Weg in die Altkleidersammlung.

Im Kochen war ich besser. Abgesehen von der Tatsache, daß mein Bananenbrot immer einen Riß in der Mitte hatte. Das hat es heute noch. Jedenfalls, als ich das letzte Mal eins gebacken habe. Vor einem Jahr.

Nach meinem Vortrag trat Mrs. Jacobs auf mich zu. »Wissen Sie, wer ich bin?« dröhnte sie, blickte über ihre Brille und breitete die Arme aus.

Ich umarmte sie. »Natürlich, Mrs. Jacobs. Natürlich.« Ich drückte sie an mich und flüsterte ihr ins Ohr: »Mrs. Jacobs, ich muß Ihnen ein schreckliches Geständnis machen. Ich nähe die Kleider für meine Kinder nicht alle selbst.«

Sie lachte und schob mich zurück, um mich anzusehen. »Ich würde mich auch schämen, wenn Sie das täten. Was Sie machen, ist viel wichtiger. Ich bin so stolz auf Sie!« Sie drückte meine Hände, und ich umarmte sie noch einmal.

Die Kleider für die Kinder nähen? Ich wasche noch nicht mal alle Kleider meiner Kinder. Eigentlich wasche ich sie sogar überhaupt nicht! Schon seit ein paar Jahren sind die Kinder für ihre Wäsche selbst verantwortlich. Warum um alles in der Welt sollte eine Mutter jeden Tag riesige Haufen von Wäsche waschen und sie dann in fünf Stapel aufteilen und in Schränke und Kommoden räumen? Was wäre dann, wenn ab und zu weiße Unterwäsche rosa herauskäme?

Ich war keine traditionelle Mutter, konnte es gar nicht sein, selbst wenn ich gewollt hätte. Das wußte ich schon mit siebzehn, als ich über die Singer-Nähmaschine gebeugt dasaß. Aber der Begriff Mutter war mit neuem Inhalt gefüllt worden, und ich und die meisten Frauen, die ich kannte, lebten nach ihrem eigenen Muster, eigentlich zwei Mustern, eins mit der Aufschrift »Hausfrau« und eins mit der Aufschrift »Karriere«.

Wir legten diese Muster auf dem verfügbaren Material aus und nahmen Maß, schnitten und nähten, so gut wir konnten. Für gewöhnlich war, so geschickt wir auch das Schnittmuster auslegten, der Stoff nie ausreichend, und wir mußten hier und dort anstückeln, so daß schließlich bei beiden Kleidern die Karos nicht paßten.

Meine Karos passen immer noch nicht.

Manche von uns müssen zwei verschiedene Kleider tragen. Andere tun es freiwillig. Bei mir ist es von beidem etwas. Wenn ich nicht schreibe, müssen meine Kinder Hunger leiden, deshalb muß ich schreiben. Wenn ich nicht schreibe, habe ich Hunger, deshalb schreibe ich gerne.

Mein Flugzeug landete um halb elf in San Francisco, und als ich um halb zwölf in die Einfahrt einbog, war ich ziemlich sicher, nicht die gleiche Unordnung vorzufinden, die mich eines Abends vor drei Jahren erwartet hatte. Ich hatte mir damals einen meiner seltenen freien Tage genommen, um mit einer Freundin in San Francisco zusammen sein zu können, und als ich heimkam, erwartete mich ein riesiges Durcheinander. Auf dem Klavierhocker und auf dem Fußboden im Vorderzimmer vor dem Fernseher stand schmutziges Geschirr. Schuhe, Socken und alle möglichen anderen Sachen bedeckten den Teppich, die Couch und die Treppe. Sollte ich es wagen, die Küche zu betreten? Schlimmer, als ich es mir vorgestellt hatte. Schmutziges Geschirr, Pfannen, Besteck und Essensreste füllten die Spüle und lagen überall auf den Schränken verstreut. Ich stand da und starrte das Chaos an, als sei es eine Fata Morgana, die sich gleich in Luft auflösen würde. Wie konnten sie es wagen, mich in ein so chaotisches Haus kommen zu lassen? Ich würde nichts anfassen, und morgen früh . . . Vergiß morgen früh! Ich ging zum Kamin und holte die Kuhglocke, die die Kinder am Bett stehen hatten, wenn sie krank waren. Jetzt war ich krank, krank von diesen Kindern, die ihre Verantwortung für diese Familie nicht ernst nahmen, krank davon, behandelt zu werden wie ein Dienstmädchen. Ich ging die Treppe hinauf und läutete die Kuhglocke, so laut ich konnte. »Alles aufstehen«, schrie ich. »Aufstehen und die Küche aufräumen!« Ich ging in jedes Zimmer, drehte das Licht an und läutete die Glocke über den Köpfen der Kinder, bis sie schockiert die Augen aufrissen. »Aufstehen! Aufstehen! Sofort in die Küche!«

Innerhalb weniger Minuten standen vier schlaftrunkene, barfüßige Kinder mit roten Augen und wirren Haaren in der Küche und starrten ihre Mutter an, als sei sie verrückt geworden. »Ich lasse mir das nicht bieten!« sagte ich fuchsteufelswild. »Guckt euch mal um, wie es hier aussieht! Ein Schweinestall! Vielleicht gefällt es euch, in einem Schweinestall zu wohnen, aber ich lasse mir das nicht bieten! Und seht euch mal das Vorderzimmer an! Kommt her und seht euch das an! Schmutziges Geschirr! Ein Apfelkitsch auf dem Klavier!« Ich senkte meine Stimme auf das Niveau einer ernsthaften Drohung. »Wer hat den Apfelkitsch auf das Klavier gelegt?« Keiner sagte einen Ton. Dann sagte Aaron mit einer ganz sanften Stimme. »Mama, es tut mir leid, daß wir vergessen haben, aufzuräumen, aber es ist kein Schweinestall. Es ist nicht so schlimm, wie du denkst. Hier ist es sauber.« Er wies auf die Stellen des Klaviers, auf dem keine Apfelkitsche lagen, dann auf den Teil des Teppichs, der nicht von Abfall bedeckt war. »Und hier ist es auch sauber. Es gibt viele saubere Stellen hier.«

Ich war zu ärgerlich, um mich davon beeindrucken zu lassen. »Ich gehe jetzt ins Bett«, sagte ich. »Ihr könnt nachkommen, wenn alles, aber wirklich alles wieder in Ordnung ist.« Damit stapfte ich die Treppe hinauf.

Am nächsten Tag packte ich das ganze Geschirr zusammen und stellte es in die Garage. Dann fuhr ich von Geschäft zu Geschäft, bis ich fand, was ich suchte: für jedes Kind ein Geschirrset in einer anderen Farbe, Teller, Suppenteller und Tasse, rot für Emily, beige für John, blau für Aaron und gelb für Katy. Ich wollte das alte braunweiße Geschirr benutzen.

»Vielleicht haben andere Mütter ja die Zeit, hinter ihren Kindern herzuräumen, aber ich nicht«, sagte ich und stellte die

Sets vor jedes Kind. »Von jetzt an ist das, außer sonntags und bei besonderen Gelegenheiten, euer Geschirr, eures ganz allein. Jedes Geschirrset gehört in eine der Plastikkisten hier auf der Anrichte. Und jedes Mal, wenn ihr etwas getrunken habt, spült ihr die Tasse wieder aus und räumt sie weg. Und wenn ihr am Morgen Müsli aus dem Suppenteller gegessen habt, spült ihr ihn hinterher und stellt ihn weg. Es wird keine Hunderte von schmutzigen Tellern mehr in der Spüle geben. Und wenn ich eine gelbe Tasse auf dem Klavierhocker finde, dann könnt ihr mir nicht weismachen, daß das die Heinzelmännchen waren. Ich weiß dann ganz genau, wer das war. Ich weiß dann, daß das Katy war! Und wenn der beige Teller zum Essen nicht da ist . . . John, hörst du mir zu? . . . wird John ihn suchen müssen, und wenn er ihn nicht findet, bekommt er nichts zu essen. Gibt es noch irgendwelche Fragen zu dieser Methode?«

Die Kinder sahen mich vorsichtig an und schüttelten die Köpfe. Sie hatten sich im Laufe der Zeit an ihre Mutter und deren Methoden gewöhnt.

Heute kam ich nun wieder einmal von einer Reise nach Hause, und ich wußte, es würde weit mehr saubere als schmutzige Stellen im Haus geben, vor allem, da Lynn Ann über das Wochenende da gewesen war und dafür gesorgt hatte, daß die Kinder alles unter Kontrolle behielten. Ich brauchte nur noch in mein Bett zu klettern und meinen immermüden Körper auszuruhen. Aber in meinem Bett war schon jemand.

»Hallo, Mama.«

»Emily?« rief ich und stellte meine Schuhe in den Schrank. »Hast du eine Erkältung, oder hast du geweint?«

»Ich bin . . .« Sie konnte nicht zu Ende sprechen.

»Eine Sekunde, Em.« Ich zog meinen Schlafanzug an und ging zum Bett. »Rutsch zur Seite.«

Emily schlug die Decke zurück, und ich kletterte in das schmale Bett, dessen kleine Maße ich haßte. Ich hatte es schon oft bedauert, daß ich das riesige Wasserbett, das uns als Ehebett gedient hatte, weggegeben hatte, aber ich arbeitete schließlich auch in diesem Zimmer und ich brauchte den Platz. Außerdem hatte das Bett ein Loch gehabt, das ich nicht finden konnte, und ich war überzeugt davon, daß Wasserbetten nicht gut für den Rücken sind, und wer konnte schließlich wissen, wann oder ob ich jemals wieder ein Bett für zwei brauchen würde.

Ich hatte dabei nur nicht bedacht, daß ich ständig ein Bett für zwei brauchte. Emily tauchte oft zur Schlafenszeit auf und sagte »Mama, kann ich heute nacht bei dir schlafen?« Und ich sagte dann »Natürlich, Em. Komm.« Und dann sprang sie ins Bett, und das Geschaukel machte mich seekrank, und sie lachte, und wir wärmten uns gegenseitig und erzählten miteinander, bis wir einschliefen. Als ich verkündete, ich würde mir ein Einzelbett kaufen, sah sie mich verletzt an. Ich hätte es nie tun sollen.

»Was ist los, Em?« fragte ich, nahm sie in den Arm und küßte sie auf die Schulter.

»Das Leben. Es macht mich krank.«

»Wir haben aber kein anderes.«

Emily drehte sich um und barg ihren Kopf an meinem Hals. Ich wußte, daß die letzte Zeit schlimm für sie gewesen war. Sie war gerade von einem Semester am College heimgekommen, hatte zum ersten Mal in ihrem Leben für sich selbst sorgen und sich mit den Problemen ihrer Freundinnen auseinandersetzen müssen. Sie vermißte ihren Vater immer noch sehr und hatte plötzlich und spät mit verwirrenden Gefühlen wegen der Umstände seines Todes zu kämpfen — Ärger, Ablehnung und die Frage, ob das vielleicht alles gar nicht hätte geschehen müssen.

»Woran denkst du, Emily?« fragte ich.

»Es ist so unfair! Immer, wenn ich glücklich bin, denke ich, daß das nicht dauern kann. Man sollte besser keinen lieben, auf niemanden zählen, es wird einem doch alles wieder weggenommen, genau wie Papa mir weggenommen worden ist.« Sie brach in Tränen aus, ihr Schluchzen erschütterte das Bett.

»Ach, Em. Em, es tut mir so leid.« Ich streichelte ihr übers Haar und küßte sie auf die Stirn.

Dann klingelte das Telefon.

Wer mochte das sein? Es klingelte wieder, und ich hätte schwören können, daß es der neue Anschluß war, den ich hatte legen lassen, als *Good-bye, I Love You* erschien. Viele Leute hatten mir geraten, mir eine Geheimnummer zuzulegen, aber ich hielt es für unfair, so ein Buch zu schreiben und dann nicht erreichbar zu sein, deshalb hatte ich mir noch einen zweiten Anschluß legen lassen, und beide Nummern standen im Telefonbuch.

In den acht Monaten, in denen das Buch auf dem Markt war, hatte ich vielleicht zweihundert Telefonanrufe erhalten, manche von Leuten, die mir nur danken wollten, daß ich das Buch geschrieben hatte, andere von Leuten, die mit jemandem reden mußten und verzweifelt waren.

Aber jetzt konnte ich nicht ans Telefon gehen. Jetzt nicht. Emily war wichtiger als irgend jemand sonst. Ich würde das Telefon einfach klingeln lassen. Aber ich konnte noch nie ein Telefon klingeln lassen, und ich mußte meine Hand richtig ans Kissen pressen, um sie daran zu hindern, zum Hörer zu greifen.

Immer wieder läutete das Telefon. Irgendwann würde er es sicher aufgeben. Aber er gab nicht auf. Vielleicht war es ein Notfall. Wer sonst riefe schon nach Mitternacht an? »Emily?«

»Geh schon. Nimm den Hörer ab.«

Ich nahm den Hörer ab. »Hallo?«

»Ist da Mrs. Pearson?« Am anderen Ende war die leise Stimme einer Frau. »Sind Sie die Dame, die das Buch geschrieben hat?«

»Ja.«

»Es tut mir leid, daß ich Sie belästigen muß.« Ihre Stimme brach. »Aber ich muß mit Ihnen reden . . . Ich habe sonst niemanden . . . und ich muß mit jemandem reden . . . und ich dachte, sie würden vielleicht . . . Ich habe gerade herausgefunden, daß mein Mann . . . Es tut mir leid.«

»Nein, nein, es macht nichts. Ich rede gern mit Ihnen.«

Emily stöhnte leise und drehte sich zur Wand.

»Einen Augenblick, bitte.« Ich legte die Hand über den Hörer und sagte ganz ruhig: »Emily? Es ist eine Frau, die wirklich mit mir reden muß. Sie weint. Was soll ich tun?«

Emilys Stimme klang gepreßt. »Red mit ihr.«

»Aber . . .«

Emily schlug die Decke zurück, kletterte über mich und rannte weinend aus dem Zimmer. Ich hielt den Hörer ans Ohr. Ich würde der Frau sagen, sie sollte mich morgen früh oder in einer Stunde wieder anrufen. Ich öffnete den Mund, um ihr das zu sagen, aber ich konnte es nicht. Ich brachte es nicht übers Herz. Emily würde später immer noch da sein. Dann würde ich ihr helfen, so gut ich konnte.

Wir sprachen anderthalb Stunden miteinander. Ich hatte die gleiche Geschichte immer und immer wieder gehört, aber für jede Frau, die sie mir erzählte, war sie brandneu, schockierend und nicht zu ertragen. Ihr Mann war schwul. Sie hatte es gerade herausgefunden, und er war gerade gegangen. Wie sollte sie ohne ihn leben? Was sollte sie den Kindern sagen? Sie liebte ihn immer noch. Wie konnte er sie so enttäuschen? Was sollte aus ihnen werden? Könnte ich eine Beratungsstelle empfehlen, oder wüßte ich, ob es eine Hilfsgruppe für solche Frauen in Boston und Umgebung gäbe? Würde sie jemals wieder Freude am Leben haben?

Als ich aufhing, war es zwei Uhr nachts. Ich stand auf, zog meinen Bademantel und die Hausschuhe an und ging den Flur entlang zu Emilys Zimmer.

»Emily?« Ich klopfte leise an die verschlossene Tür. »Emily?« Sie antwortete nicht. Sicher schlief sie schon. Emily war nie so zornig, daß sie nicht mehr mit mir redete. Ich klopfte noch einmal. »Em?« Na gut, wir würden morgen früh darüber reden.

Wellen von Trauer und Frustration überschwemmten mich, als ich versuchte, einzuschlafen. Es war alles zu schwierig. Ich versuchte zu viel auf einmal zu tun. Ich wollte zu vieles für zu viele Leute, und ich schaffte es nicht. Emily würde es mir verzeihen, daß ich diese Nacht nicht für sie dagewesen war. Schließlich war es ein Notfall. Aber es passierten dauernd irgendwelche kleinen Notfälle, kleine dringende Angelegenheiten zerrten dauernd an mir, lenkten mich dauernd ab, entzogen mir dauernd Energie und Aufmerksamkeit. Telefone klingelten. Dinge, die sogar noch wichtiger als Telefone waren, klingelten nicht, sie saßen einfach da und wurden nicht beachtet, weggelegt und als selbstverständlich hingenommen. Die wichtigsten Dinge mußten oft hinter den weniger wichtigen zurückstehen. Es gab eine lange Liste von Dingen, die ich für oder mit jedem Kind machen wollte, wenn ich nur die Zeit dazu fände. Aber niemals zerriß deswegen ein Klingeln die Stille, um mir mitzuteilen, daß jetzt die richtige Zeit dafür wäre, und nur wenige der wichtigen Dinge, die ich tun wollte, hatte ich auch wirklich erledigt. Schon vor undenkbaren Zeiten hätte jemand die Kuhglocke nehmen und an meinem Ohr läuten sollen, um mich an all die Dinge zu erinnern, die ich vernachlässigt habe.

Ich wollte eine monatliche Familienzeitung mit John als Herausgeber anfangen. Er war ganz begeistert von der Idee, aber mir fehlte die Zeit dazu. Ich wollte all die Rezepte, die wir lieben, sammeln, und jedes Kind sollte seinen Teil dazu beisteuern, aber mir fehlte die Zeit dazu. Ich wollte die hebräischen Lieder, die ich im Kibbuz gelernt hatte, auf Band aufnehmen, aber ich hatte keine Zeit. Ich wollte den Kindern die Geschichten ihrer Vorfahren vorlesen, aber ich hatte keine Zeit dazu. Und dann hatten sie keine Zeit mehr. Ich weiß: »Kein anderer Erfolg kann ein Versagen zu Hause kompensieren.« In unserem Haus gab es kein Versagen, aber als mir mitten in der Nacht bewußt wurde, daß Emily sich in den Schlaf geweint hatte, ohne daß ich ihr geholfen hatte, fielen mir all meine früheren Fehler ein.

An was würden sich die Kinder später erinnern? Daß ich sie scharf zurechtwies, wenn sie mich zum vierten Mal beim Schreiben störten an einem Sommernachmittag, wenn sie ins Schwimmbad gefahren werden wollten, weil es zum Fahrradfahren zu heiß war? »Würdet ihr mich auf der Arbeit anrufen, wenn ich Lehrerin oder Ärztin wäre, und mich bitten, alles stehen und liegen zu lassen und euch irgendwohin zu fahren?« fragte ich anklagend bei solchen Gelegenheiten. »Ich muß das hier heute noch in die Post geben, oder wir kriegen alle große Schwierigkeiten.«

Wenn ich so darüber nachdenke, waren die Kinder zwar immer stolz auf meine Schreiberei, aber sie haben sie nie so ganz ernst genommen. Einmal stand Katy neben meinem Schreibtisch, sah mir beim Tippen zu und sagte: »Mama, die Mütter von meinen Freundinnen arbeiten alle. Wie kommt es eigentlich, daß du keine Arbeit hast?«

Zu Hause zu arbeiten hatte Vor- und Nachteile: die Familie war nur vierzehn Treppenstufen und einen Flur entfernt, ich brauchte nie einen Babysitter für die Kinder, ich war immer da, wenn sie nach Hause kamen, immer verfügbar, und ich versuchte, immer alles gleichmäßig zu verteilen, breitete die Hände aus wie Waagschalen, »Hausfrau« in der einen Hand, »berufstätige Mutter« in der anderen, immer bemüht, mich wieder in die Waage zurückzuholen, wenn eine Seite ein Übergewicht bekam, was dauernd passierte.

Würden sich die Kinder daran erinnern, daß ich nicht zum Tag der offenen Tür in der Schule kommen konnte, weil ich wieder mal auf Reisen war? (»Machst du Witze?« sagte John, als ich ihn danach fragte. »Das ist doch wirklich nicht schlimm.«) Würden sie sich an die Zeiten erinnern, in denen ich meine Arbeit liegenließ, mich aber trotzdem nicht richtig um das Geschwür auf dem Rücken des Hundes kümmern konnte, weil ich ganz damit beschäftigt war, daß ich am nächsten Tag sämtliche Steuerunterlagen fertig haben mußte und noch nichts daran getan hatte? Würde Katy sich daran erinnern, daß ich manchmal, wenn wir Trivial Pursuit spielten, das Scheckheft neben mir liegen hatte und Rechnungen bezahlte, wenn sie an der Reihe war? Würde John sich an die Zeit erinnern, als ich dreimal in der Woche Truthahnsuppe auf den Tisch brachte und er auf seinen Suppenteller sah und sagte: »Déjà vu!« Würde Aaron sich daran erinnern, daß er einmal kurz vor Weihnachten zu mir sagte: »Mama, ich finde Ferien hier zu Hause gräßlich. Du bist dann immer so überanstrengt!«

Eine berufstätige Mutter zu sein war anstrengend. Manchmal war es ein einziges Chaos.

Aber es gab auch die sauberen Stellen. Wir mußten einfach unseren Blick auf die sauberen Stellen richten, auf die Aaron gezeigt hatte. »Guck, da ist es ganz sauber!« Natürlich gab es viele saubere Stellen in meinem Durcheinander, Dinge, bei denen die Kinder davon profitierten, eine berufstätige Mutter zu haben.

Da war der Sommer, in dem ich den Pionierroman schrieb. Jeden Tag nach dem Essen las ich den Kindern ein Kapitel vor, und als ich eines Abends mit Vorlesen fertig war, sagte John: »Ist das alles? Was passiert denn als nächstes?«

»Ich weiß nicht, John. Ich hab's noch nicht geschrieben.«

»Mama«, sagte er, »jetzt geh aber schnell wieder an die Schreibmaschine.«

Meine Kinder hatten das Vergnügen, mich im Fernsehen bewundern zu können, mit mir zu Vorträgen zu fahren und etwas über die unterschiedlichen Themen zu lernen, die in meinen Büchern vorkamen.

Und sie mußten — wie die meisten Kinder von berufstätigen Müttern — früh selbständig werden. John kann besser Spaghetti kochen als ich, Katy kann besser Brot backen, Aaron wischt schneller als ich, und Emily kauft sehr viel effizienter ein als ich.

Eine Freundin, die als Krankenschwester morgens um sechs Uhr dreißig auf der Arbeit sein mußte, erzählte mir, daß ihre Schwester sich darüber wundere, daß die Kinder sich morgens alleine fertigmachen würden. »Meine würden das nie schaffen, wenn ich ihnen nicht die Brote schmieren, sie zur Tür bringen und ihnen ihre Sachen mitgeben würde«, sagte sie. (Ich muß hier allerdings anmerken, daß auch viele Kinder nicht berufstätiger Mütter selbständig werden; sie müssen lediglich der Versuchung widerstehen, zu sehr umsorgt zu werden.)

Meine Freundin Susan, die jahrelang als Innenarchitektin gearbeitet hat, erinnert sich noch heute daran, wie ihre neunjährige Tochter Sara mit einer Abdichtpistole sämtliche Fenster abdichtete. Sara studiert mittlerweile Architektur. Und meine Freundin Pat, die die Lokalzeitung herausgegeben hat, erzählte mir, daß ihre Kinder ihren Beruf toll fanden, besonders, als sie über einen spektakulären Raubüberfall berichtet hatte und ihre Geschichte und die Bilder von der *New York Times* gekauft wurden. Sie sahen sie damals mit ganz neuen Augen.

Dies sind die sauberen Stellen. Wir alle haben welche. Ich bedauere es nicht einen Augenblick lang, daß ich immer versucht habe, zwei Rollen auszufüllen, auch wenn es schwer war. Die Erfahrungen, die die Familie dabei gemacht hat, sind wahrscheinlich auf lange Sicht wertvoller, als wenn die Kinder jeden Tag von der Schule nach Hause gekommen wären und frischgebackene Plätzchen vorgefunden hätten. Und sie werden sich immer bewußt sein, daß auch eine Mutter eine wirkliche Person ist, nicht nur ein Haushaltsgegenstand, und daß sie ein Recht auf ein eigenes Leben hat, ganz gleich, ob sie es möchte oder ob sie es muß und ob ihre Karos passen oder nicht.

12.
Und was können wir daraus lernen?

Ich war etwas verwirrt, als ich ein paar Wochen vor Halloween die fünfjährige Katy fragte, als was sie gehen wollte, und zur Antwort bekam: »Als Mutter.« Als Mutter? Wirklich? Ist das so furchteinflößend? Hier kommen sie, Leute! Ein Monster, eine Hexe, eine Mutter!

Ich bin wirklich nicht furchteinflößend, nur manchmal ein wenig zu verbissen. Ich gehöre zu den Müttern, die sich zu sehr bemühen. Aber anscheinend ist es für mich anstrengender, mich nicht zu sehr zu bemühen, deshalb bemühe ich mich weiter zu sehr. Ich unterweise meine Kinder, als wäre ich die letzte Tankstelle zwischen hier und Reno und sie blieben in der Wüste stecken, wenn ich sie nicht bis zum Anschlag volltanken würde. Ich unterweise meine Kinder, als könnten sie normale Druckbuchstaben nicht lesen, und ich müßte alles in unterstrichenen Großbuchstaben auf ein Plakat schreiben und ihnen damit vor der Nase hin- und herwedeln. Ich unterweise meine Kinder, als ob sie ohne mich im Dschungel verloren wären. Glücklicherweise haben meine Kinder, auch wenn er mir manchmal abhanden kommt, viel Sinn für Humor. Normalerweise habe ich auch Humor. Allerdings nicht, wenn es darum geht, meinen Kindern etwas beizubringen.

Wenn ein Kind drei oder vier Jahre alt ist und ein Fenster einwirft, weil es mit dem Ball zu nahe am Haus gespielt hat, muß man ihm Ursache und Wirkung klarmachen. Man sammelt die Scherben auf, damit sich niemand schneidet, setzt sich auf die Kaminbank, tröstet Aaron, verzeiht ihm und sagt weise: »Nun, Aaron, was lernen wir daraus?«

Und Aaron, dankbar für so eine tröstende, verzeihende, weise Mutter, sagt unter Schluchzen, wobei er seine Nase am Hemdsärmel abwischt: »Wir lernen daraus . . . daß wir . . . den Ball nicht . . . so nah am Haus . . . werfen dürfen.«

»Richtig, Aaron.« Man kommt sich vor wie eine erfolgreiche Mutter und jubelt innerlich: »Er hat's kapiert! Er hat's kapiert!«

Und wenn Katy sich mit sieben Jahren das Kinn aufschlägt, weil sie mit Aarons Skateboard zu schnell die Straße heruntergefahren ist, läßt man das mit vier Stichen nähen, gibt ihr Aspirin und bringt sie ins Bett. Und wenn man sie dann küßt und die rosa Holly-Hobbie-Decke um sie festzieht, sagt man: »Nun, Katy, was lernen wir daraus?«

Katy berührt erschöpft und zitternd den Verband an ihrem Kinn, blickt dankbar ihre gute Mutter an und sagt: »Wir lernen daraus . . . daß wir mit dem Skateboard nicht so schnell die Straße herunterfahren dürfen.«

»Richtig!« Die Mutter lächelt und weiß, daß sie morgen nicht mit Katy zum Notarzt fahren muß, damit er näht, was sie bestimmt gemußt hätte, wenn sie die Unterweisung nicht auf ein Plakat geschrieben und Katy unter die Nase gehalten hätte, bis Katy es »kapierte«.

Das Zusammenleben der Kinder mit ihrer Mutter war voller Lerninhalte.

»Wir lernen, daß Katzen es nicht mögen, wenn man sie in den Trockner steckt.«

»Wir lernen, daß wir bunte Wäsche auf einen Haufen legen und weiße Wäsche auf einen anderen.«

»Wir lernen, daß die Plätzchen wirklich komisch schmecken, wenn wir nicht alle Zutaten hineintun.«

»Wir lernen, daß unsere Lehrerin es nicht leiden kann, wenn wir sie beim Vornamen nennen.«

»Wir lernen, daß die Toiletten im Sanitärgeschäft nicht benutzt werden dürfen.«

»Wir lernen, daß wir, wenn wir Ladendiebstahl begehen, im Gefängnis enden könnten.«

Manches davon ist notwendig. Aber wie habe ich es bisher bei mir selbst gehalten? Wie bin ich dazu gekommen, immer auf alles hinzuweisen? All die Werte zu übernehmen, die ich meinen Kindern so unbedingt vermitteln wollte, daß ich sie damit zwangsernährt habe? Die erste Regel, die ich über die Schriftstellerei lernte, war: »Erzähl nichts, zeig es!« Niemand hat mir gesagt, daß dies auch die erste Regel bei der Kindererziehung ist.

Harry Emerson Fosdick hat gesagt, lebendige Religion sei wie gute Musik. »Sie braucht keine Verteidigung, nur Ausführung. Eine heftige Kontroverse über Religion ist das gleiche, als würden die Mitglieder eines Orchesters auf das Publikum mit ihren Violinen einprügeln, um zu beweisen, daß ihre Musik gut ist.«

Ich tue das. Ich prügele mit Werten auf meine Kinder ein, um ihnen zu beweisen, daß die Werte gut sind. Und es ist eine Schande, daß mir das jetzt erst langsam klar wird, wo ein Kind schon aus dem Haus ist und zwei weitere demnächst ausfliegen werden. Ist da nicht irgend etwas falsch mit einem System, in dem man, wenn man endlich Bescheid weiß, schon veraltet ist? Aber, wie ich bereits erwähnt habe, die Kinder haben Sinn für Humor. Soweit ich es beurteilen kann, haben sie keinen Schaden erlitten. Nur die Mutter ist ihrer eigenen Anstrengungen ein wenig überdrüssig.

Wenn ich mich zu sehr bemühe, lachen die Kinder. Und wenn die Kinder lachen, und ich bemühe mich zu sehr, weine ich. Ich erinnere mich noch gut an eine Situation, als die älteren Kinder zehn, acht und sieben waren, auf der Couch saßen und auf ihre Unterweisung warteten. Katy war schon im Bett, sie wußte gar nicht, wieviel Glück sie hatte. Ich hatte aus der Bücherei ein Buch mit Fabeln von Aesop mitgebracht und ging sie sorgfältig mit den Kindern durch, in dem angenehmen Bewußtsein, eine gute Mutter zu sein. An diesem Abend hatte ich sogar das künstliche Kaminfeuer eingeschaltet, um eine gemütliche, angenehme Atmosphäre für unsere Lernerfahrung zu schaffen.

»Wie lange dauert es noch, Mama?« fragte Aaron, der mit einer Murmel spielte.

»Nicht mehr so lange«, antwortete ich und konfiszierte die Murmel.

»Das sagst du immer, und dann dauert es fünfundneunzig Stunden.«

»Es wird noch länger dauern, wenn du weiter so dazwischenquatschst. Wer will diese Geschichte lesen?«

»Ich.« Emily griff nach dem Buch. »Die Jungen sind richtig ungezogen heute abend. Wie immer.«

»Ja, ja«, grunzte Aaron, zog einen seiner Tennisschuhe aus und begann in den Löchern herumzupulen.

»Die Sonne und der Wind«, begann Emily.

Plötzlich stieß Aaron seinen Fuß mit der schmutzigen Socke in Johns Gesicht und lachte ausgelassen, als John mit einem »Bah!« reagierte.

»Aaron!« fuhr ich ihn scharf an. »Laß das! Noch einmal . . .« Aaron konnte kaum antworten vor Lachen.

John packte Aarons Fuß und biß in die Zehen. Aaron brüllte vor Lachen.

»John! Setzt euch beide ordentlich hin! Hier ist kein Spielplatz! Ihr setzt euch beide auf die Barhocker, wenn ihr nicht nebeneinander auf der Couch sitzen könnt! Wollt ihr lieber auf den Barhockern sitzen?«

»Nein.« Die Jungen kicherten.

»Dann benehmt euch. Wir machen nicht weiter, bevor ihr euch nicht anständig benehmt. Aaron? Sieh John nicht an! Ich habe gesagt, du sollst ihn nicht mehr ansehen! So! Seid ihr jetzt soweit?«

Einen Augenblick lang waren sie ruhig. Aaron starrte auf den Teppich. Dann warf er einen verstohlenen Blick auf seinen Bruder, und beide brachen wieder in Gelächter aus.

»Tut mir leid, Mama«, sagte John. »Ich kann nichts dafür.«

»Natürlich kannst du etwas dafür. Können wir weitermachen?«

Aaron hielt die Hand vor den Mund und die Augen geschlossen. Er nickte wie ein mutwilliger Zwerg. John hielt die Hände an die Wangen, damit er nicht lachen mußte. »Fertig.«

Emily schlug die Beine nach Yoga-Art untereinander und las langsam, jedes Wort genießend, weiter. »Die Sonne und der Wind. Eines Tages hatten die Sonne und der Wind einen Streit. Die Sonne sagte: ›Ich bin die Stärkere‹, und der Wind sagte: ›Nein, ich bin der Stärkere.‹ Sie beschlossen, einen Wettstreit zu machen und . . .«

Als Emily die Fabel zu Ende vorgelesen hatte, wandte ich mich an John. »John, kannst du uns sagen, warum Freundlichkeit besser funktioniert als Gewalt? Was hat die Sonne vom Wind gelernt?«

John dachte einen Augenblick nach, aber dann konnte er nicht widerstehen. »Keinen blinden Alarm zu schlagen«, sagte er trocken.

Bei diesen Worten boxte Aaron John ausgelassen an die Schulter, und beide Jungen brachen wieder in Gelächter aus. Schweigend ging ich zur Küchenbar, holte zwei Barhocker und stellte sie einen Meter vor die Couch. »John?« Ich wies auf den einen Hocker, dann auf den anderen. »Aaron?«

»Warum ich?« protestierte Aaron. »Ich hab' doch nichts gesagt. John hat das gesagt.«

Statt einer Antwort wies ich noch einmal auf die Barhocker und bedachte meine Söhne mit einem durchdringenden Blick.

»Komm, Aaron.« John kletterte auf den Eichenhocker. »Tut mir leid, Mama.« Langsam kletterte auch Aaron murrend auf den anderen Hocker.

Ich atmete tief durch, so wie ich es im Sprechunterricht gelernt hatte, und dann griff ich nach dem Buch. Die Jungen sollten nicht gewinnen. Ich hatte hier die Kontrolle. Ich würde es ihnen schon nahebringen. Sie würden die Geschichte von der Sonne und dem Wind hören, und sie würden sich meine bedeutungsvolle Diskussion anhören, und es würde ihnen Spaß machen! Das Kaminfeuer machte das Zimmer auch weiterhin gemütlich, aber es war ein aussichtsloser Kampf. »Ich möchte, daß einer von euch mir sagt . . . daß einer von den Jungen mir sagt«, sagte ich gepreßt, »warum Freundlichkeit mehr bewirkt als Gewalt. Das ist eine wichtige Geschichte. Wir müssen diese Geschichte, viele Geschichten, verstehen, damit wir nicht auch solche Fehler machen. Wenn wir von anderen lernen, können wir . . .« Ich suchte noch nach dem richtigen Ausdruck, als Aaron ihn schon gefunden hatte.

»Waldbrände verhindern«, quietschte er. Er und John brachen in so wildes Gelächter aus, daß sie beinahe von den Barhockern gefallen wären, und Aaron warf seinen Tennisschuh in die Luft.

Ich stand auf und warf das Buch zu Boden. »Jetzt reicht es aber«, schrie ich. »Geht ins Badezimmer, und kommt erst wieder, wenn ich euch rufe. Wie kann man nur so ungezogen sein!«

Immer noch kichernd und mit halbherzigen Entschuldigungen gingen die Jungen zum Badezimmer. Ich schlug die Tür hinter ihnen zu und stampfte dann zurück ins Eßzimmer. Das Feuer war ausgegangen. »Werden die Jungen jemals erwachsen werden?« sagte ich mit den Tränen kämpfend. »Jemals?«

»Erwachsen werden? Mama, John und Aaron sind richtig

ekelhaft, aber sie sind erst sieben und acht. Wahrscheinlich werden sie eines Tages erwachsen.«

»Hoffentlich erlebe ich das noch.«

Aus dem Badezimmer kam Geschrei. »Mama! Mama! Johnny bespritzt mich mit Wasser!« Dann folgte ein Poltern. Und Gelächter. Und noch mehr Geschrei. »Mama! Mama! Aaron bringt mich um! Hilfe!«

Ich stieß die Badezimmertür auf, außer mir vor Wut. Ich packte die Jungen bei den Ohren. »Die Ohren abreißen«, wie meine Kinder es nannten, war das äußerste an Kindesmißhandlung, was ich mir erlaubte. Ich konnte einen Fingernagel so geschickt in ein Ohrläppchen bohren, daß der Besitzer des Ohres sofort zu Boden ging.

»Au, Mama! Aua!«

Ich fühlte, wie meine Wut sich in Tränen auflöste. »Wie könnt ihr es wagen . . .« begann ich. Die Jungen starrten mich mit großen Augen an, und ich ließ ihre Ohren los. So war das also. Sie sahen den Ernst einer Situation erst, wenn ihre Mutter vor ihnen in Tränen ausbrach. Gut. Das konnten sie haben. Jetzt würden sie mir Aufmerksamkeit schenken. Die Jungen starrten mich sekundenlang an, und dann brachen sie, wie auf ein Signal, beide in wildes Gelächter aus. Ihre Augen waren fest auf mein tränenüberströmtes Gesicht gerichtet, und sie lachten hysterisch.

»Geht ins Bett«, schrie ich. »Sofort ins Bett!« Schluchzend rannte ich aus dem Badezimmer zur Haustür. Auf dem Weg dorthin griff ich nach meinem Mantel.

»Wo gehst du hin, Mama?« fragte Emily alarmiert.

»Spazieren.«

»Es regnet aber!«

»Das ist mir egal!« Ich schlug die Tür hinter mir zu und hoffte, daß alle im Haus das gehört hatten.

Über eine Stunde spazierte ich weinend draußen herum. Ich wußte, daß das nicht nur an den Jungen lag. Manchmal waren sie gedankenlos und ungezogen, und das durfte ich ihnen nicht durchgehen lassen. Aber es lag nicht nur an ihnen. Es lag auch an mir; es lag an diesem scheußlichen, ungerechten Geschäft, all das allein bewältigen zu müssen. Ich machte mir so viele Gedanken, wollte ihnen so viel beibringen und wünschte mir so sehr, daß immer alles in Ordnung war.

Natürlich ging ich schließlich wieder nach Hause. Natürlich geht eine Mutter nicht ewig im Regen spazieren. Eine Mutter geht nach Hause. Eine Mutter versucht es weiter.

»Sie sind im Bett«, sagte Emily, als ich heimkam, mir meine nassen Schuhe und den nassen Mantel auszog und nach einem Handtuch für meine nassen Haare griff. »Ich hab' sie ins Bett geschickt. Mann, bist du naß. Es tut mir leid, Mama.«

Zuerst ging ich in Aarons Zimmer. Er hatte alle Kleider vom Fußboden aufgehoben und sorgfältig zusammengelegt, ein Verhalten, das immer mit Reue einherging.

»Tut mir leid, Mama«, sagte er rauh.

»Aaron«, sagte ich, setzte mich an sein Bett und berührte seinen Arm, »du mußt verstehen, wie schwer es ist, Mutter zu sein, vor allem, wenn man der einzige Erwachsene im Haus ist. Für mich ist es das Schwerste, was ich je in meinem Leben habe machen müssen. Viel schwerer, als ein Buch zu schreiben oder so. Wenn ich etwas Wichtiges tun möchte und ihr zieht nicht mit, fühle ich mich völlig verlassen. Verstehst du das?«

»Ja. Tut mir leid, Mama.«

Dann ging ich in Johns Zimmer und wollte ihm die gleiche Lehre erteilen. Aber statt dessen setzte John sich in seinem Bett auf und begann mir eine Lehre zu erteilen. »Mama«, sagte er fest, »du bist jetzt neununddreißig Jahre alt und hast neununddreißig Jahre üben können, Lachen zu unterdrücken. Aber ich bin nur ein kleiner Junge. Ich bin erst acht Jahre alt, und ich kann das nicht. Und wenn ich ein Gesicht sehe, das ich noch nie vorher gesehen habe, dann muß ich einfach lachen.«

»Ein Gesicht, das du nie vorher gesehen hast? Hast du mich in deinem ganzen Leben noch nie weinen sehen?«

»Nein! Bis heute noch nicht. Ich weiß, du hast es nicht lustig gefunden, aber dein Gesicht war das Komischste, was ich je gesehen habe. Und ich bin nur ein kleiner Junge, und ich mußte einfach lachen, ob ich wollte oder nicht. Du kannst nicht von mir erwarten, daß ich so erwachsen bin wie du. Und noch was, Mama.« John setzte sich ganz gerade hin, um in seiner Lektion fortzufahren. »Du hast gesagt, Freundlichkeit funktioniert besser als Gewalt, und es war bestimmt nicht besonders freundlich von dir, uns die Ohren abzureißen. Und außerdem weiß ich schon eine ganze Menge über Freundlichkeit, zum Beispiel, wenn wir uns um die geschlagenen Frauen und all das kümmern!«

Ich lerne langsam. Ich reiße den Kindern nicht mehr die Ohren ab, und sie haben mich schon seit einer ganzen Weile nicht mehr zu Tränen gereizt. Aber ich gebe mir immer noch zu viel Mühe. Es sieht so aus, als müßte ich das einfach. Ich werde mir allerdings dessen mehr bewußt.

Als wir vor ein paar Monaten vom Kino nach Hause fuhren, sagte Aaron zu mir: »Mama, weißt du eigentlich, daß ich es hasse, mit dir ins Kino zu gehen? Ich finde es furchtbar! Wir können uns nicht einfach den Film ansehen. O nein! Wir müssen über den Film reden, darüber, was der Film uns sagen will und was wir aus ihm lernen können.«

»Ja«, stimmte John zu. »Du bist ganz nett und alles, und ich finde es wirklich gut, was du alles zu tun versuchst, Mama, aber du redest zuviel.«

Nun, was kann ich daraus lernen?

13.
»Aber wenn du wirklich verliebt bist . . .!«

Sie sind leicht zu handhaben, wenn sie noch nicht zwölf sind und sich nur duschen, wenn man es ihnen sagt, und eine wegwerfende Geste machen, wenn man sie danach fragt, ob sie in jemanden verknallt sind. Wie Katy, die gerade zwölf geworden ist.

Vor ein paar Monaten saß ich mit ihr auf ihrem Bett und diskutierte mit ihr darüber, ob ihr Zimmer den örtlichen Hygienevorschriften entsprach oder nicht. Da sah ich, daß sie eine Liste von Namen an ihren Schrank gehängt und ein großes Herz drumherum gemalt hatte.

»Was ist das denn?« fragte ich. »Sind das die Namen von den Jungen, die du gern magst?«

Sie wandte sich entrüstet zu mir und sagte: »Nein, Mama. Das sind die Namen von Pferden, die ich gern mag.«

Das ist eine leichte Zeit. Ein Kind, das in Pferde verliebt ist, macht seinen Eltern keine schlaflosen Nächte. Ich begann mir jedoch Sorgen zu machen, wenn die Kinder freiwillig Deodorant benutzten. Ich weiß, sie gehorchen einem Ruf, der sie unweigerlich in gefährliche Gewässer zieht. Ich glaube, keins von den Gewässern des Lebens bereitet Eltern mehr Sorgen. Wo gibt es schließlich mehr Dramen, Schmerzen, Wunden und Herzeleid als bei Liebe und Sex?

Zu der Zeit und in der Umgebung, wo ich heranwuchs, schien alles so einfach zu sein. In Utah Valley hörten wir im Radio Lieder wie »Wieviel kostet das Hündchen im Fenster?«

und »Du wirst nie allein gehen«. Heute sitzt mein kleines Mädchen neben mir im Auto und singt »Let's get physical«.

In meiner Jugend sah ich *I Love Lucy* und *The George Burns and Gracie Allen Show* und *Hitparade*, Sendungen mit sauberem Lächeln, züchtiger Kleidung und reinen Romanzen. Meine Kinder drehen MTV an und sind fasziniert von eingefrorenen Gesichtern, purpurfarbenen Haaren und heftigen Bewegungen und Wörtern, die (sofern man sie versteht) rüde und sexuell sind, mit Frauen, die nur aus Körpern bestehen und einer Kamera, die anscheinend die Persönlichkeit eines Vergewaltigers hat.

Als ich zehn war, zeigte mir mein Bruder ein Daumenkino, das er gegen ein Taschenmesser eingetauscht hatte. Man blätterte es mit dem Daumen auf und sah dann eine Tänzerin, die sich entblätterte. Vor ein paar Jahren sammelten Katy und ich ein paar Zeitschriftenseiten auf, die auf dem Rasen im Park lagen. Darauf waren pornographische Aufnahmen, die sich sofort in unseren Hirnen festsetzten. Und als Aaron zehn war und er und ich zu einem Second-Hand-Plattenladen gingen, damit er John ein Geburtstagsgeschenk kaufen konnte, stießen wir hinter der Beatles-Abteilung auf *Virgin Killers*, auf deren Cover eine nackte Jugendliche abgebildet war, aus deren Schritt Blitze kamen.

Wenn meine Kinder wollten, könnten sie Pornographie aus allen möglichen Quellen beziehen. Ich hatte das College schon hinter mir, als ich in einem Park in Athen zum ersten Mal einen in der Öffentlichkeit entkleideten Mann sah. Im Lebensmittelladen in unserem Ort ließ ein Mann vor Emily und Katy die Hosen herunter, während ich nur ein paar Schritte entfernt war.

Als ich auf der High School war, tuschelten wir untereinander schockiert über die Schwester einer Freundin, die in Schwierigkeiten geraten war und heiraten mußte. Als Emily in der Oberstufe war, schliefen verschiedene ihrer Freundinnen schon regelmäßig mit ihren Freunden, und alle fanden das normal.

Vor zwanzig Jahren weinte sich eine Freundin an meiner Schulter aus, weil ihr Mann sie verlassen hatte. Kürzlich habe ich stundenlang mit einer Frau geredet, deren Mann Sex-Magazine kauft und alle Frauen besucht, deren Telefonnummern angegeben sind, wobei er die Namen nach und nach abhakt. Er versteckt die Magazine, aber sie findet sie immer wieder, und dann verspricht er ihr, es nie wieder zu tun, aber er tut es doch wieder.

Als ich eine Jugendliche war, hatte jemand schamlos ein böses Wort auf einen großen Felsen in den Hügeln über unserem Haus eingraviert, und ich starrte es in fassungsloser Faszination an. Immer, wenn ich in die Schulen meiner Kinder komme, sehe ich überall in den Fluren oder auf den Schulhöfen Wörter, die mit »F« anfangen.

Als ich ungefähr zwölf war, nahm ich mir das Lexikon, wenn ich wußte, ich war allein zu Hause, und sah vorsichtig unter dem Stichwort »Scham« nach. In ungefähr dem gleichen Alter kam Emily aus der Schule nach Hause und sagte: »Mama, was ist oraler Sex? Bedeutet das, daß man dann nur davon redet?«

Als ich jung war, brachten die Zeitungen manchmal Artikel über Vergewaltigung und ein- oder zweimal im Jahr etwas schrecklich Bizarres. Heute wimmelt es in den Schlagzeilen nur so von rituellem Sexualmißbrauch von Kindern durch Satanssekten, die nach außen hin vollkommen achtbare Bürger sind, von einem Anwalt, der bei sadistischen Spielen eine Prostituierte in der Badewanne ertränkt hat, und der Produktion von pornographischen Filmen, bei denen die Schauspielerinnen angeblich wirklich vor der Kamera umgebracht werden.

Was kann man dagegen machen? Ist die Welt verrückt geworden? Wie soll man dabei seinen Kindern helfen, sexuell gesund zu bleiben in dieser verrückten Welt?

Und wie überzeugt man sie davon, daß dies alles nicht normal, nicht in Ordnung ist, daß dies eben nicht der Lauf der Dinge ist? Uns können nur noch wenige Dinge schockieren. Wir sind abgebrüht worden, sehen kaum hin bei all den schrecklichen Dingen und zucken mit den Schultern bei Dingen, die unsäglich sind. Ich möchte, daß meine Kinder schokkiert sind, daß sie sich darüber aufregen, wie weit es mit der Welt gekommen ist. Ich will nicht, daß sie gleichgültig bleiben.

Was soll man tun?

Ich will nicht die Zeit zurückdrehen. Ich möchte nicht, daß meine Kinder in einer Welt leben, in der die Freude an sexueller Erfahrung mit Schuldgefühlen belastet ist. Ich möchte keine Welt, in der die viktorianische Braut erst in der Hochzeitsnacht von ihrem Mann entdeckt wurde, auf dem Bett lag mit einem chloroformierten Taschentuch vor der Nase und einem Zettel an ihrem Nachthemd: »Mama sagt, mach mit mir, was dir beliebt.«

Ich will für Katy und Emily keine Welt, in der ihre sexuellen Bedürfnisse nicht so wichtig genommen werden wie die der Männer und in der ihre Möglichkeiten so beschränkt sind, daß sie für ihren Lebensunterhalt ihre sexuelle Pflicht tun müssen, auch mit einem achtbaren Ehemann. Eine solche Welt würde nichts taugen.

Ich will auch für meine Kinder nicht die Welt, in der ich aufgewachsen bin, die Welt der vierziger und fünfziger Jahre. Obwohl ich auf einer Farm aufwuchs, hatte ich keine Ahnung davon, daß Menschen miteinander etwas taten, was ich bei Kühen und Bullen sah. Über menschliche Sexualität mußte ich mich anhand der Familienratgeber informieren, die in den Häusern, wo ich als Teenager babysittete, in den Regalen standen, und was ich darin las, erstaunte mich zutiefst. Selbst als Erwachsene wußte ich noch nicht genug über Sexualität und dachte ernsthaft, ein Heilmittel für Homosexualität sei die Ehe.

Ich möchte nicht, daß meine Kinder so naiv sind. Und sie sind es auch nicht.

»Kommt schnell!« schreit Katy, die neben dem Hamsterkäfig sitzt. »Schnell! Sie tun es! Sie tun es!«

Ich finde das in Ordnung. Es ist ziemlich interessant. Und ich habe dafür gesorgt, daß sie schon als Dreijährige wußten, daß menschliche Körper für eine ähnliche Vereinigung geschaffen sind, daß es aber für Menschen mehr und etwas anderes bedeutet als für Tiere.

Eines Abends deckten wir den Tisch, als Aaron Katy fragte, warum sie an diesem Tag nicht zur Schule gegangen sei.

»Ich war krank«, sagte sie. »Ich hatte Kopfschmerzen und hab' mich übergeben.«

»Hmmm«, sagte John weise — er hatte gerade einen Gesundheitstest geschrieben, zu dem ich ihn noch abgefragt hatte. »Klingt so, als hättest du Gonorrhö.«

»John! Bitte!«

»Ha!« Aaron lachte. »Katy weiß nicht mal, was Gonorrhö ist!«

»Weiß ich doch!« sagte Katy beleidigt.

»Und was ist es?«

»Das ist, wenn man einen wunden Po hat.«

Zeit für eine Unterweisung. Ich nehme sie mir alle vor, dieses Mal, um Katy zu erklären, was Gonorrhö ist und wie man sie verhindert; ein anderes Mal, um den Jungen klarzumachen, daß das Kind eines Homosexuellen nicht notwendig auch homosexuell werden muß; dann wieder, um darüber zu diskutieren, was es bedeutet, wenn die fröhliche Tochter einer meiner Freundinnen einmal mit ihrem Freund geschlafen hat und schwanger wird. Sie flog von der Schule, und ihr Leben änderte sich völlig. Oder wenn eine Sechzehnjährige aus unserer Bekanntschaft von zu Hause wegläuft, drei Monate wegbleibt und schwanger und altgeworden wiederkommt. Oder wenn ein geschiedener Mann, den wir kennen, eine Affäre mit einer Frau hat, die schwanger wird, und er muß die nächsten achtzehn Jahre Alimente für ein Kind an eine Frau zahlen, die er nicht liebt und deren Kind er nie sehen will.

Oder wenn wir erfahren, daß noch ein Freund der Familie Aids hat. Wir schließen ihn in unsere Gebete ein, aber wir wissen, das große Leid kommt erst noch.

Oder wenn Mutter Teresa einen Vortrag vor den Studenten in Harvard hält und sie zu vorehelicher Keuschheit auffordert. Oder wenn Ann Landers wieder einmal einen guten Brief über die Ergebnisse von Entscheidungen, »die unterhalb des Bauchnabels« getroffen werden, veröffentlicht.

Ich säe Geschichten und Gespräche in die Gedanken meiner Kinder ein, und ich hoffe, die Saat geht auf.

Nicht nur abschreckende Geschichten — auch schöne Geschichten. Ich erzähle ihnen von meinem Bruder Don, der nach einer dreimonatigen Ehe, die nicht hielt, jahrelang alleine lebte. Erst mit Mitte Vierzig lernte er Susie kennen, die schon drei Kinder hatte und die mir die Geschichte erzählt hat. Don wollte immer Kinder haben. Er war gut zu den dreien, die er geerbt hatte, aber er wollte immer ein eigenes Kind. Nach einer gewissen Zeit leiteten sie alles Notwendige ein, und als Susie ein paar Wochen später glaubte, sie sei schwanger, gingen sie in die Apotheke und kauften einen Schwangerschaftstest. Sie befolgten die Anleitung genau, und Susie blieb im Bett, während Don mit dem Röhrchen ins Badezimmer ging, um das Ergebnis zu beobachten.

Er blieb ziemlich lange im Badezimmer. Susie wartete und wartete. Schließlich rief sie: »Don? Wie sieht es aus?«

Ein paar Minuten später erschien Don in der Tür, die Tränen liefen ihm die Wangen hinunter. »Es sieht so aus . . . es sieht so aus, als ob ich Papa werde!« Dann kam er zum Bett, kniete nieder, legte eine Hand auf Susies Bauch und segnete sein Kind. Dann legte er seine Hand auf Susies Kopf und segnete sie.

Wäre die Welt nicht besser, wenn jedes Kind so empfangen würde? Ich hoffe, meine Kinder erinnern sich später an diese Geschichte. Sie sehen ihren Onkel Don mit Kimberley, die das Licht seines Lebens ist, spielen, und ich weiß, dieses Bild ist stärker als das Bild auf dem Plattencover von *Virgin Killers*.

Meine Kinder leben bestimmt in einer Welt, die gefährlicher und verrückter ist als die Welt, in der ich aufgewachsen bin. Aber sie sind wesentlich besser vorbereitet.

So weit, so gut. Die Kinder wissen Bescheid, sie sind glücklich, und sie befolgen die Familienregeln. Und die Mutter?

Sie befolgt sie auch. Die meisten geschiedenen Frauen schlafen nicht immer allein. Ich lese Zeitschriftenartikel darüber, wie man es seinen Kindern sagt oder auch nicht, daß ein Mann über Nacht dableibt, und wie man als alleinstehende Frau das Beste aus seinen sexuellen Abenteuern macht. Ich habe auch zahlreiche Artikel darüber gelesen, wie unbefriedigend ein ungebundenes Sexualleben ist, und immer mehr Singles plädieren dafür, allein zu bleiben. In unserem Haus gibt es häufig Gäste, die über Nacht bleiben: Paare, Familien, alleinstehende Frauen, alleinstehende Männer. Aber den Kindern wäre es, glaube ich, nie eingefallen, nach den Schlafarrangements ihrer Mutter zu fragen.

Ich habe Sehnsüchte, über die ich nicht mit ihnen spreche. Ich hatte Versuchungen, über die ich nicht mit ihnen spreche. Hier ziehe ich eine Linie, denn wenn ich es nicht täte, wie könnte ich es dann von meinen Kindern erwarten? Und ich glaube, daß es ein universelles Gesetz gibt, das besagt, daß das Leben so am besten funktioniert.

Ich tue, was ich kann, bete viel und bin dankbar für mein Schicksal. Ich weiß auch, daß wir noch nicht aus dem Gröbsten heraus sind. Man kann sein Zuhause kontrollieren, aber plötzlich merkt man, daß draußen die Welt ist, und dann muß man sich auf Kampf gefaßt machen.

Es gibt pornographische Äußerungen, die jeder unter einer bestimmten Telefonnummer abfragen kann. Als ich eines Tages eine unbekannte »Servicenummer« auf meiner monatlichen Telefonrechnung sah, sie wählte und mir daraufhin Tinas Phantasien des Tages anhören mußte, knallte ich den Hörer auf die Gabel und rief die Kinder zusammen.

»Also, wer hat die Nummer mit dem Sexgequatsche angerufen?« fragte ich.

John und Aaron kicherten und sahen sich an. »Ich nicht«, sagte Aaron.

»John?«

»Tim wollte, daß ich sie wähle. Er hat mir vorher nicht gesagt, was es war. Er hat nur gesagt, es wäre wirklich lustig, und hat mich angestachelt, es zu tun.«

»Und war es so lustig?« fragte ich aufgebracht.

»Es war total komisch! Ich hätte nicht gedacht, daß es so komisch ist!«

»Also, John, du wirst dir deine Witze demnächst woanders suchen müssen. Dieser Anruf hat mich fünfzig Cents gekostet. Wenn die Nummer jemals wieder auf der Telefonrechnung auftaucht, wird es dich zehn Dollar kosten! Und wer hat sie das zweite Mal gewählt? Wer war das?« Alle vier sahen mich unschuldig an und schüttelten die Köpfe.

»Niemand? Dann war es wohl das Heinzelmännchen, das auch den Apfelkitsch auf dem Klavier liegengelassen hat. Anscheinend findet es sowas toll. Okay, meine Lieben. Das war's.«

Ich kam schnell darüber hinweg. Kürzlich las ich in der Tageszeitung, daß ein Mann die Telefongesellschaft angezeigt hatte, weil sein Sohn in einem Monat achthundert Dollar mit dieser Nummer vertelefoniert hatte.

Der Zwischenfall mit dem Jahrbuch, als Aaron gerade das siebte Schuljahr vollendet hatte, war da schon schwerwiegender. In diesem Jahr hatten ihn häufig Mädchen angerufen. Besonders ein Mädchen rief ihn fast täglich an. Es ging mir auf die Nerven, und oft bat ich ihn, die Gespräche abzubrechen, aber es war kein besonders großes Problem. Er war nur an der Schule mit Judy oder den anderen Mädchen zusammen, und es gab eigentlich nichts, über das ich mir Sorgen machen mußte. Wahrscheinlich waren es nette Mädchen.

Ich glaube, es war Emily, die mich darauf aufmerksam machte. »Mama«, sagte sie und setzte sich auf die Couch in meinem Schlafzimmer, »ich glaube, du solltest mal einen Blick in Aarons Jahrbuch werfen.«

»Warum?«

»Nur so.«

Ich ging zu Aarons Zimmer und öffnete die Tür. »Aaron?« Er war nicht da. Auf dem Boden lag ein Stapel Papiere und Bücher, und ich kniete mich daneben und zog das weiße Jahrbuch heraus.

Ich besaß einen ganzen Stapel von Jahrbüchern aus meiner Schulzeit, die dem, das ich jetzt in der Hand hielt, sehr ähnlich sahen.

In den letzten Schultagen hatte ich alle meine Freundinnen gebeten, irgend etwas Nettes hineinzuschreiben. »Du bist wirklich süß, und es hat Spaß gemacht, mit dir zusammen im Chor zu sein. Sing im Sommer nicht soviel und schon deine Stimmbänder. Ha, Ha!«

Ich hatte mir mal ein Jahrbuch von meiner Mutter angesehen und darin die Gefühlsausbrüche um die Jahrhundertwende gefunden: »Rosen, Tulpen, Nelken, alle Blumen welken, nur die eine nicht, und die heißt Vergißmeinnicht.«

Ich schlug Aarons Jahrbuch der siebten Klasse auf. »Hallo Aaron. Du bist wirklich ein Süßer. Aber mach Judy diesen Sommer nicht schwanger. Ich weiß, ein F . . . ist ein F . . ., aber das geht zu weit.«

Ich traute meinen Augen nicht. Und auf der nächsten Seite?

»Hallo, Aaron, du bist total cool! Treib es nicht zu arg diesen Sommer, du könntest wund werden. In Liebe.«

Und auf der nächsten Seite, von Judy unterschrieben, eine obszöne Darstellung von Aarons Körper und eine detaillierte Beschreibung dessen, was sie mit ihm in diesem Sommer am liebsten machen würde.

Mir tat das Herz weh, als ich das Buch zuschlug. Siebtes Schuljahr. Aaron war zwölf! Und die Mädchen waren zwölf! Wie konnten sie so etwas in ein Jahrbuch schreiben? Ich hätte Judy am liebsten geohrfeigt, alle ihre Freundinnen, ihre Eltern unterrichtet, ihnen gesagt, sie sollten ihren Schmutz für sich behalten.

Als Aaron eine Stunde später nach Hause kam, hatte ich mich ein bißchen beruhigt.

»Warum hast du überhaupt in das Buch reingeguckt?« verteidigte er sich. »Es ist mein Buch!«

»Das stimmt, aber du bist ein Mitglied dieser Familie, und deshalb geht es mich auch etwas an. Warum haben die Mädchen so etwas geschrieben?«

»Das ist ein Witz, Mama. Ein blöder Witz. Sie finden es lustig.«

»Hast du auch so etwas in Judys Jahrbuch geschrieben?«

»Natürlich nicht. Das ist doch blöd.«

»Aaron . . . wie . . . benimmst du dich in der Schule den Mädchen gegenüber?«

Aaron lachte verlegen. »Meinst du, ob ich sie verführe oder was? Nein. Sie spinnen nur!«

»Aaron, es ist mir unwohl bei dem Gedanken, daß du so etwas in deinem Jahrbuch stehen hast. Ein Jahrbuch ist etwas, das du später mit anderen Leuten teilen möchtest, das du anderen zeigen möchtest, auch deinen eigenen Kindern einmal. Möchtest du, daß deine Kinder später einmal lesen, was diese Mädchen da hineingeschrieben haben?«

Aaron dachte einen Augenblick lang nach. »Nein.«

»Was willst du dagegen machen?«
»Wo ist das Tipp-Ex, Mama?«

Emily ist die älteste, und sie hat am meisten über dieses Thema gelernt. Fallgeschichte von Emily: Sie ist nicht nur wunderschön — groß, blond, reizend, gescheit und begabt —, sie muß auch lieben und geliebt werden. Sie nimmt das sehr ernst. In der Grundschule hatte sie den einen oder anderen Schwarm, aber wirklich ernst wurde es, als sie elf war und sich in Bennett verliebte, den sie bei einer Schulaufführung von *A Christmas Carol* kennenlernte. Nachdem sie ein paar Wochen lang Sehnsucht nach ihm gehabt hatte, bat sie John, ihn anzurufen und ihn zu fragen, ob er mit ihnen allen Samstagnachmittag ins Kino gehen wolle. Sie schrieb John ganz genau vor, was er sagen sollte. Er sollte nicht sagen, daß sie, Emily, ihn darum gebeten hatte, er solle ganz lässig und gleichgültig tun. Sie gingen an mein Telefon, um zu telefonieren. Ein paar Minuten später kam Emily die Treppe heruntergestürmt.

»Weißt du, was Johnny getan hat?« schrie sie außer sich. »Er hat gesagt, ›Bennett, Emily möchte wissen, ob du mit uns ins Kino gehst.‹ Und Aaron hat dazwischengebrüllt: ›Sie traut sich nicht, dich selbst zu fragen. Sie liebt dich!‹« Emily warf sich auf die Couch. »Jetzt werde ich ihn nie wieder sehen«, schluchzte sie. »Ich werde ihn nie wieder sehen!«

Die Jungen kamen kichernd die Treppe herunter.

»Laßt mich bloß in Ruhe!« schrie Emily und rannte aus dem Zimmer. »Ich hasse euch! Ich hasse euch! Für mich seid ihr gestorben!«

Ein paar Stunden lang gab es die Jungen für sie nicht mehr. Abends hörte ich, wie Emily zu Katy mit tieftrauriger Stimme sagte: »Katy, wir haben keine Brüder mehr!«

Bevor der Tag zu Ende war, hatten sich die Jungen entschuldigt, und Emily hatte sie zögernd wieder in die Familie aufgenommen. Sie ging nie mit Bennett ins Kino, und ein paar Wochen später sprach sie von jemand anderem. Das war ihr erster Liebeskummer — einfach, dramatisch und rasch geheilt.

Ein paar Jahre und ein paar Schwärme später, als es Emily auffiel, daß manche Mädchen in ihrer Klasse schon Brüste hatten und sie noch nicht, wurden die Ereignisse komplizierter. Sie beobachtete ihren Körper, wartete, befühlte, maß nach, verglich und war hocherfreut, wenn die Schwellung auf der rechten Seite mit der auf der linken Seite gleichzog, und jammerte, wenn sich gar nichts mehr tat, und war außer sich.

Ich versuchte, sie zu trösten. »Tut mir leid, Em. Das hast du von mir. Oder vielmehr, du hast es nicht von mir. Hab' ich dir schon erzählt, wie letzten Monat bei der Mammographie der Arzt zu mir sagte, er könnte nichts finden? Da hab' ich gesagt: ›Was können Sie nicht finden? Einen Tumor oder die Brust?‹«

Emily lächelte gegen ihren Willen. »Sehr witzig, Mama.«

»Es gibt eine Menge erfolgreicher, flachbrüstiger Frauen, Emily. Ballerinen zum Beispiel. Auf dem College hatte ich eine Freundin, die hatte noch weniger als du, und sie hat einen tollen Mann geheiratet. Mollie hatte eine so kleine Brust, daß sie sich in Salt Lake City Spezial-BHs anfertigen lassen mußte. Sie fand, daß sie tolle Nadelkissen abgaben, und als sie eines Tages gerade am Nähen war, klingelte es an der Tür. Es war ihr Freund, und der war ganz verblüfft, als er sah, daß in ihrer linken Brust zwei Dutzend Nadeln steckten. Ulkig, was?«

Emilys Rettung in der Zeit ihrer langsamen Entwicklung war ihre Fähigkeit, Witze darüber zu machen. Als wir einmal zum Abendessen Hühnchen aßen, fragte Katy: »Besteht Hühnchen nur aus weißem Fleisch?«

»Nein«, antwortete ich, »das Brustfleisch ist weiß, und der Rest ist dunkel.«

Emily ließ in gespielter Verzweiflung den Kopf hängen. »O nein«, sagte sie, »ich bestehe nur aus dunklem Fleisch!«

Als sie ungefähr fünfzehn war, begann ich mir langsam Sorgen zu machen. Ihre Hormone funktionierten normal, genau wie ihre Interessen, und sie begann zu fragen: »Was ist eigentlich so falsch an Sex vor der Ehe, Mama? Ich weiß, du hast das immer gesagt, aber was ist eigentlich wirklich falsch daran? Ich meine, wenn zwei Menschen sich lieben . . .«

Einmal kam sie in mein Schlafzimmer. »Mama? Gina möchte, daß ich heute nacht bei ihr schlafe. Sie hat ein paar Jungen da, und sie hat gesagt, wer will, kann mit einem ins Bett gehen.«

Meine Augenbrauen schossen in die Höhe, aber meine Stimme blieb gelassen. »Wirklich? Möchtest du hingehen?«

Emily brach in Lachen aus. »Meinst du das im Ernst? Das ist doch wirklich ekelhaft! Ich könnte kotzen!«

Ich seufzte erleichtert, aber in den folgenden Wochen wurde Emily wieder nachdenklich. »Ich sehe wirklich nicht, was daran falsch sein soll. Ich meine, wenn man sich wirklich liebt, soll es doch die Beziehung noch enger machen.«

»So? Wer hat dir das denn erzählt?«

»Eine Freundin in der Schule.«

»Wer?«

»Du kennst sie nicht.«

»Ist sie verliebt?«

»Mama, sie ist ganz schrecklich verliebt. Ich bin so eifersüchtig!«

»Und sie schlafen miteinander?«

»Ja. Und sie sagt, es ist toll. Sie fühlen sich einander so nahe.«

»Wirklich?«

»Ich bin so eifersüchtig.«

Damals begann ich, etwas gegen Schlafparties zu haben. Warum hatte ich Emily jemals erlaubt, in einem anderen als ihrem eigenen Bett zu schlafen? Nach Einbruch der Dunkelheit sollte ich sie am besten einsperren, bis sie einundzwanzig war. Worüber redeten alle diese Teenager bis drei oder vier Uhr morgens? Und waren manchmal auch Jungen dabei? Horrorgeschichten von Teenager-Sexorgien fielen mir ein. Ich sah im Geiste, wie Emily schluchzend zu mir kam und mir gestand, sie sei schwanger, sie habe Syphilis, sie habe abgetrieben. Sie war gerade auf einer Schlafparty, wo sie zu wenig Schlaf bekam und zu viele Kartoffelchips aß, aber meine Gedanken kreisten immer weiter.

Emily war bemerkenswert offen mir gegenüber, aber was erzählte sie mir nicht? Sie würde bestimmt nichts Dummes machen. Sie war ein gescheites Mädchen. Aber sie war erst fünfzehn!

Eines Abends hörte ich, wie sie mit leiser Stimme telefonierte. »Tut mir leid. Mann, es tut mir leid . . . Es wird schon alles in Ordnung kommen . . . Du wirst drüber wegkommen. Es tut mir so leid.«

Nachdem sie aufgelegt hatte, starrte sie ein paar Minuten lang aufs Telefon. Ich ging zu ihr und setzte mich neben sie. »Was ist los, Em?«

»Nichts«, begann sie, dann änderte sie ihre Meinung. »Eine Freundin von mir . . . sie hat abgetrieben.«

»Oh!«

»Ihr Freund ist sehr religiös. Es hat ihn fast umgebracht. Sie haben sich getrennt.«

»Oh, Em.«

Emily starrte verwirrt auf ihre Hände. »Sie hat ihn so geliebt!«

»Ich weiß«, log ich.

Ich möchte nicht, daß die Freunde meiner Kinder Fehler machen, damit meine Kinder davon lernen können. Warum kann nicht jeder einfach durch Zuhören lernen? Aber das ist noch nie so gewesen und wird auch nie so sein, und ich bin zumindest dankbar dafür, daß Emily aus den Fehlern, die andere machen, lernt.

In den folgenden Jahren lernte sie eine ganze Menge. Und ich schlief wieder besser, wenn sie irgendwo anders übernachtete. Einmal kam sie morgens um zwei in mein Zimmer und setzte sich an mein Bett.

»Mama?«

»Wo warst du, Emily?«

»Bei Joanne. Sie ist ganz durcheinander, und es macht mich richtig wütend. Ihr Freund ist ein richtiger Mistkerl, Mama, ein richtiger Mistkerl. Sie findet's nicht mal schön, aber sie denkt, sie muß mit ihm schlafen, weil er sie sonst verläßt. Also schläft sie mit ihm, und sie findet es furchtbar. Sie ist so abhängig von ihm. Warum ist sie bloß so abhängig von ihm?«

»Jahrhundertelange Erziehung.«

»Ich hab' ihr gesagt, sie soll mehr an sich denken. Sie muß sich darüber klarwerden, wer sie jetzt ist und was für eine Frau oder Mutter sie einmal werden will. Ich hab' ihr gesagt, sie muß lernen, wie Liebe wirklich ist, echte Liebe, nicht nur Sex. Ich hab' ihr gesagt, daß der Sex ihr Gehirn vernebelt. Ich würde bestimmt nie irgendeinem Jungen, der mich gar nicht respektiert, so viel von mir geben. Mama, Männer können solche Mistkerle sein. Und Frauen können so blöd sein!«

Viele Leute mögen es seltsam finden, daß eine Mutter von ihren Kindern erwartet, daß sie unberührt in die Ehe gehen — obwohl es heute vielleicht nicht mehr ganz so seltsam erscheint wie vor ein paar Jahren. Heute ruft das Gesundheitsministerium zu sexueller Abstinenz von Teenagern auf, um das Abtreibungsproblem und die wachsende Zahl der Teenagerschwangerschaften in den Griff zu bekommen und um AIDS bekämpfen zu können. Wenn man allein das AIDS-Problem betrachtet, könnte es sein, daß voreheliche Enthaltsamkeit wieder eine der meistgepriesenen Vorzüge auf dem Heiratsmarkt wird.

Nach *Good-bye, I Love You* schrieb ich *A Time To Love,* ein Musical über voreheliche Enthaltsamkeit. Als ich es eines Abends in Emilys Zimmer den Kindern vorlas und ihnen ein Band mit der Musik vorspielte, barst Emily förmlich vor Aufregung.

»Das ist toll, Mama«, sagte sie. »Kann ich das für die Kirche vorschlagen? Darf ich?«

Sie zog die Schuhe an und rannte zum Haus des Bischofs, um sich die Erlaubnis dafür zu holen. Zwei Monate später sahen siebenhundert Leute Emily und ein Dutzend anderer junger Leute von den Freuden der romantischen Liebe und den Nachteilen zu frühen Geschlechtsverkehrs singen und sprechen. »Für alles unter dem Himmel gibt es eine Jahreszeit und eine Zeit: eine Zeit, geboren zu werden, und eine Zeit zum Sterben; eine Zeit zum Pflanzen und eine Zeit zum Heranwachsen; eine Zeit zu weinen und eine Zeit zu lachen; eine Zeit zum Umarmen und eine Zeit zum Loslassen; eine Zeit zu lieben.«

Zufällig war an diesem Wochenende ein Kamerateam von CBS in unserem Hause, um mit mir ein Interview zu machen, und sie schnitten ein paar Szenen aus dem Musical mit. Als der Abend vorbei war, hörte ich, wie während des frenetischen Beifalls einer der Kameramänner zu dem Produzenten sagte: »Mann! Wäre es nicht schön, wenn das Leben wirklich so sein könnte?«

Man ist nie ganz aus dem Gröbsten heraus. Aber der Wald lichtet sich immer mehr, und man darf nie aufgeben.

14.
»Wir sind nicht alle Brüder!«

Als ich den Mund aufmachte, um den Witz zu erzählen, beschloß ich plötzlich, den Mann, der darin vorkam, gegen eine Frau auszutauschen. Es gab keinen Grund dafür, daß es unbedingt eine Frau sein mußte, aber es gab auch keinen Grund dafür, daß es ein Mann sein mußte.

Ich hatte den folgenden Witz gehört: »Ein Mann geht ins Krankenhaus und sieht drei Patienten . . .« Aber in meinem plötzlichen Entschluß erzählte ich ihn so: »Eine Frau geht ins Krankenhaus und sieht dort drei Patienten . . .« Es war eigentlich belanglos, aber es gab mir ein bißchen Befriedigung. Als wir später in dieser Woche Gäste zum Abendessen hatten, wandte Emily sich fröhlich an mich: »Darf ich diesen Witz erzählen, Mama? Den mit dem Krankenhaus?«

»Natürlich.«

»Okay.« Emily grinste. »Da kommt ein Mann ins Krankenhaus und sieht drei Patienten . . .«

Ich starrte sie sprachlos an. Emily, wie konntest du nur! Du hast den Witz mit einer Frau gehört, und ohne überhaupt zu merken, daß irgendwas anders ist, erzählst du ihn mit einem Mann! Ich fühlte mich überrumpelt, war wütend und traurig, nicht wegen dem, was Emily aus dem Witz gemacht hatte, sondern wegen dem, was die Welt aus Emily gemacht hatte. Sie war erst acht Jahre alt und war schon sorgfältig darauf getrimmt, den männlichen Standard hochzuhalten, in männlichen Ausdrücken zu sehen und zu sprechen.

»Man« bedeutet im Englischen »Menschheit«. Aber wenn Schulkinder Bilder von »Man« als menschlichem Wesen malen müssen, »Man« in der Abgrenzung gegen Bäume oder Tiere, malen sie — Jungen wie Mädchen — Männer. Und Emily hatte das Gleiche getan. Jahrhundertealtes männergerichtetes Denken war ohne anzuklopfen in mein Haus getreten und hatte sich häuslich niedergelassen.

Aber die Dinge ändern sich. Heutzutage werden alte Auffassungen in Frage gestellt, und trotz der Gefahren, die ich darin sehe, bin ich begeistert. Ich möchte meine vier Kinder nicht in einen geschlechtslosen Topf stecken und umrühren und alle gleich herausholen. Ich liebe Virginia Woolfs klugen Satz »Männer und Frauen sind verschieden. Was gleich gemacht werden muß, ist der Wert, der diesem Unterschied beigemessen wird.« Noch haben wir es nicht geschafft. Aber wir arbeiten daran.

Ich sehe, wie meine Kinder und die Kinder anderer Leute mit schrecklich wichtigen Fragen jonglieren wie mit Bällen auf dem Spielplatz. Wie dieses neue Spiel sich anläßt, welche Regeln es haben wird, wieviel von dem Kuchen die einzelnen Spieler bekommen, ob es Gewinner oder Verlierer geben wird — all das zeichnet sich jetzt noch nicht ab. Aber ich beobachte sie gerne, und hier sind ein paar der besten Geschichten darüber, wie Kinder Männlichkeit und Weiblichkeit in der heutigen Sprache empfinden. Gute Geschichten und schlimme Geschichten — das hängt von Ihrem eigenen Standpunkt ab.

Im ersten Schuljahr kam Emily nach Hause und sagte: »Glen und ich haben heute Hochzeit gespielt, aber er wollte alles bestimmen und hat gesagt, ich könnte keine Schauspielerin sein, ich müßte zu Hause bleiben und Hausfrau sein, da habe ich die Verlobung gelöst!«

Als der zehnjährige Sohn meiner Freundin Pat zum ersten Mal Zeitungen ausgetragen hatte, kaufte er sich eine Flickenpuppe. Dann brachte er sie zu seiner Mutter und sagte: »Kannst du ein paar Kampfanzüge für meine Puppe zur Tarnung nähen, damit ich sie ihr anziehen kann, wenn wir angegriffen werden?« Jetzt hat er viele verschiedene Kleidungen für seine Puppe, manche sehr macho und manche äußerst feminin.

Das erinnert mich an eine Begebenheit auf der Weihnachtsfeier in der Kirche. John war damals drei und saß beim Nikolaus auf dem Schoß und wünschte sich eine Puppe. Ein Mann, der in der Reihe hinter mir stand, amüsierte sich darüber und sagte: »Sie haben besser ein Auge darauf, sonst wünscht er sich nächstes Jahr ein Kleid.« Und als sein eigener Sohn sich vom Nikolaus einen Panzer und ein Gewehr wünschte, lächelte er.

Eines Abends gab ich Aaron beim Essen einen Zeitungsartikel. »Lies vor, Aaron.«

»Seit die chinesische Regierung bestimmt hat, daß Ehepaare nur noch ein Kind haben dürfen, beobachten die Behörden ein alarmierendes Anwachsen der Kindestötung.«

»Lies weiter.«

»In einem ländlichen Gebiet nahe der zentralchinesischen Stadt Wuhan ergab eine Untersuchung, daß bei den unter Fünfjährigen 503 Jungen auf 100 Mädchen kommen. In manchen Gebieten ist der Prozentsatz sogar noch höher, 8 zu 1. Dafür kann es nur eine Erklärung geben: Die Eltern«, Aaron riß die Augen auf und hob die Stimme. ». . . töten ihre neugeborenen Töchter.«

»Ohhh«, wimmerte Katy.

»Das ist ja bescheuert«, sagte John.

»Mama!« Emily warf ihre Gabel über den Tisch und stand auf. »Hörst du auf, uns so deprimierende Artikel lesen zu lassen!«

»Das kann ich nicht, Emily.«

»Ich finde sowas entsetzlich!«

Ein Frauenarzt hat einmal zu mir gesagt: »Was manchmal so passiert, bringt mich zur Verzweiflung! Einc Frau will eine Amniozentese machen lassen, um das Geschlecht ihres Babys zu erfahren, und wenn es ihr nicht paßt, bittet sie um eine Abtreibung. Ich tue das nicht, und auch die meisten anderen Ärzte, die ich kenne, machen es nicht, aber es gibt mehr Frauen, die ein Mädchen abtreiben wollen.«

Eine Frau, die ich kenne, ist Richterin am Oberlandesgericht. Ihre kleine Tochter sagte einmal ganz erstaunt, als sie hörte, Mr. Soundso sei auch Richter: »Ich hab' gedacht, nur Mamis wären Richter!«

Bei einem PTA-Abendessen: »Ja, Cindy möchte Pilotin werden — wie ihr Vater.«

Mein Nachbar sagte eines Tages zu mir: »Können Sie mir sagen, warum mein Sohn sich so anstellt, wenn er das Geschirr abwaschen soll? Er sagt, das sei Frauenarbeit, aber er sieht seinen Vater ständig Geschirr abwaschen! Woher hat er das?«

Katy brachte die Post herein, sah auf einen Umschlag und brach in Gelächter aus. »Mrs. Gerald Pearson! Mrs. Gerald Pearson! Gerald ist doch keine Mrs.!«

»Nein, Katy«, sagte ich, »der Brief ist für mich.«

»Für dich? Du heißt doch nicht Gerald?«

»Verheiratete Frauen werden oft unter dem Namen ihres Mannes angeschrieben.«

»Ja? Warum?«

»Na ja, um zu zeigen . . . daß sie zusammengehören. Eigentlich um zu demonstrieren, daß sie zu ihm gehört.«

»Das ist doch blöd! Ich verstehe sowieso nicht, warum gerade Frauen ihren Namen ändern müssen.«

»Hauptsächlich, damit Familien den gleichen Namen haben.«

»Dann sollten sie doch eine Münze werfen, um zu entscheiden, welchen Namen sie nehmen wollen.«

Meine Freundin ging mit ihrer fünfjährigen Tochter im Flughafen zur Toilette. Aber als die Mutter die Tür aufmachte, auf der eine Frau mit Rock abgebildet war, sagte das kleine Mädchen: »Mama, hier können wir nicht reingehen. Wir haben doch Hosen an.«

Vor kurzem ging John zu seiner ersten richtigen Verabredung. Sie hatte ihn zum Abendessen und in ein Konzert eingeladen, und sie fuhr mit ihrem Auto vor, nahm ihn mit und brachte ihn wieder nach Hause. Die Konzertkarten hatte sie geschenkt bekommen, und sie schlug vor, sich die Kosten für das Abendessen zu teilen.

»Mama«, flüsterte mir die achtjährige Emily stirnrunzelnd ins Ohr, als wir in der Kirche »Vorwärts, Soldaten Christi« sangen: »Guck mal. ›Wir sind alle Brüder‹. Wir sind nicht alle Brüder!«

Hundert Studenten wurden aufgefordert, sich so lebhaft wie möglich dreiundneunzig Tiere vorzustellen und dann festzuhalten, welches männlich und weiblich sei. Achtundneunzig Prozent der Studenten hielten den Büffel für männlich. Das weiblichste Tier war der Schmetterling.

John: »Mama, ich kenn' einen Witz, der dir gefallen wird.«

Ich: »Laß hören.«

John: »Ein Mann geht in die Drogerie, sieht sich um und

nimmt sich schließlich eine Schachtel Tampax. Der Drogerist sagt: ›Sind Sie sicher, daß Sie die haben wollen?‹ Daraufhin sagt der Mann: ›Darauf können Sie wetten! Hier auf der Schachtel steht, damit können Sie schwimmen, reiten oder Tennis spielen, und bisher konnte ich nichts davon!‹«

Als ich einmal mit einem Mann zusammen war, der zwölf Jahre jünger war als ich, sagte John: »Mama, du kannst nicht mit Tom ausgehen, der ist viel zu jung für dich.«

»Na und?« sagte Aaron. »Onkel Don ist viel älter als Tante Susie.«

Als sie zehn war, kam Emily einmal zu mir ins Arbeitszimmer, um mich etwas zu fragen, und stand eine Weile hinter mir, während ich tippte. Sie las über meine Schulter: »›Eva wurde aus Adams Rippe geschaffen.‹ Adams Rippe? Das meinst du doch nicht ernst!«

»So steht es in der Bibel. Du kennst doch die Geschichte von Adam und Eva.«

»Ja, aber nicht das mit der Rippe. Oder ich hab's vergessen. Ich habe gedacht, sie sind zur gleichen Zeit aus dem gleichen Material geschaffen worden!«

»Nun ja, in der Bibel steht, daß Eva aus Adams Rippe geschaffen wurde.«

»Hmpf!« Emily drehte sich auf dem Absatz um und ging. »Ich find' meine Version besser!«

In einer Schule in Arizona bestrafte vor nicht allzu langer Zeit ein Lehrer einen elfjährigen Schüler damit, daß er ihn in einem Kleid um die Schule herummarschieren ließ.

Melissa: »Sicher will ich eine Mami werden, wenn ich groß bin, aber danach will ich etwas wirklich Wichtiges machen!«

Eine Freundin von mir, die Sportkurse für junge Frauen gibt, beklagte sich: »Das Budget der Kurse für Männer ist immer doppelt so hoch wie das für Frauen, und die Jungen können viel tollere Sachen machen. Wenn ich mich über das eine oder andere wirklich mal beklage, lächeln die Männer und sagen: ›Überlegen Sie mal, wer hier der Verantwortliche ist.‹ Und immer ist ein Mann Abteilungsleiter, als ob Frauen kein Hirn hätten!«

Emily: »Mama, weißt du, was Rhondas Verlobter zu ihr gesagt hat? Er hat gesagt, wenn sie erst verheiratet sind, muß sie ihm gehorchen und tun, was er sagt, weil das schon in der Bibel steht.«

Ich: »Und wie denkst du darüber?«

Emily: »Ich denke, ein Mann, der sowas sagt, gehört an seinen Eiern aufgehängt!«

Eines Abends, Emily war damals ungefähr elf, die Jungen neun und acht, und Katy war vier, schlug ich das Buch auf, das ich in der Bücherei ausgeliehen hatte, *Kinderbriefe an Gott,* und las ihnen daraus vor.

»Lieber Gott, sind Jungen wirklich besser als Mädchen? Ich weiß, du bist auch einer, aber versuch, gerecht zu sein.«

Emily kicherte, und John lächelte ein wenig.

»Was glaubt ihr, würde Gott auf diesen Brief antworten?« fragte ich.

John antwortete rasch: »Ich glaube, Gott würde so was Ähnliches sagen wie ›Obwohl ich zufällig ein Junge bin, sind Mädchen und Jungen natürlich gleich gut‹.«

»Ja, irgendwie sowas«, stimmte Emily zu.

Aaron zuckte mit den Schultern. Katy war noch zu klein, um eine Meinung dazu zu haben.

»Nun«, sagte ich, »ich glaube, er würde auf diesen Brief antworten ›Du hast unrecht. Anzunehmen, Gott sei ein Junge, ist nur die halbe Wahrheit. Gott ist Vater und Mutter, genau wie deine Eltern. Gott ist genauso ein Mädchen wie ein Junge, eine Frau wie ein Mann. Himmlischer Vater und himmlische Mutter.«

»Was?« unterbrach Aaron heftig. »Mutter? Himmlische Mutter? Sowas gibt es nicht! Es gibt einen himmlischen Vater, sonst nichts.«

Auf diese heftige Reaktion war ich nicht gefaßt. »Woher weißt du das so sicher, Aaron?« fragte ich.

»Das weiß doch jeder!«

»Jeder glaubte auch zu wissen, daß die Erde eine Scheibe ist.«

»Aber ich hab' doch die Bilder gesehen. Wir haben in der Sonntagsschule Bilder gesehen, und Gott ist ein Mann!«

»Wer hat denn die Bilder gemalt?« fragte Emily, immer bereit, sich mit Aaron zu streiten. »Männer haben die Bilder gemalt!«

John sprang auf. »Natürlich ist Gott ein Mann. Hast du nicht *Die Zehn Gebote* gesehen?«

Als Katy neun war, packte ich das Geburtstagsgeschenk, das sie für mich eingewickelt hatte, aus. »Das wird dir gefallen, Mama«, sagte sie aufgeregt.

Ich hielt einen kleinen Plastikaufkleber in der Hand: ALS GOTT DEN MANN ERSCHUF — HAT SIE NUR EINEN SCHERZ GEMACHT.

Letztes Jahr kam Emily aus ihrem Kurs »Frauen im Film« nach Hause und sagte: »Diese Filme sind total deprimierend. Alle Frauen in den Geschichten hassen Männer. Und die Frauen im Kurs scheinen auch alle Männer zu hassen, sogar die Kursleiterin. Ich bin's richtig leid. Ich hasse Männer nicht! Und ich will nicht, daß jeder irgendwas bekämpft. Man soll doch einfach leben!«

15.
Das Pine-Wood-Derby

Es rückte unweigerlich näher, und ich verabscheute den Gedanken daran: das Junge-Pfadfinder-Pine-Wood-Derby. Es fand jährlich statt, nicht wie Weihnachten oder Ostern oder die Blüte des Magnolienbaumes im Vorgarten. Es kam über uns wie der letzte Abgabetermin für die Steuererklärung oder wie die Schweinerei, die der Olivenbaum auf der Terrasse anrichtete.

Das Pine-Wood-Derby: ein Miniaturautorennen mit Holzautos. Als die Jungen im ersten Jahr ihre Autorohlinge mit nach Hause brachten, schenkte ich ihnen nicht viel Beachtung.

Es sah ganz einfach aus. Man sollte sie in die Form schnitzen, die man haben wollte. Kleine Plastikräder daran befestigen. Sie anmalen. Einen Penny oder zwei darunter kleben, damit sie ans Maximalgewicht herankamen. Okay. Natürlich konnte ich ihnen bei den Autos nicht so besonders viel helfen, aber die Jungen waren ja selbst dazu in der Lage. Ich vergaß das Ganze sofort wieder.

Und auch die Jungen, bis drei Tage vor dem Ereignis.

»Mama, haben wir einen Bohrer?« fragte Aaron, als ich die Spülmaschine einräumte.

»Ich glaube nicht«, antwortete ich geistesabwesend. »Warum?«

»Für mein Auto. Ich muß unten ein Loch für die Gewichte bohren.«

»Hmmm. Du wirst wohl dein Taschenmesser nehmen müssen.«

»Haben wir Senkblei?«

»Senkblei? Zum Angeln? Warum?«

»Um es in das Loch für die Gewichte zu kleben.«

»Geht das nicht mit Pennies?«

»Ich brauche Senkblei und Pennies. Bob sagt, wenn das Gewicht nicht ganz genau stimmt, fährt der Wagen nicht schnell genug.«

»Wirklich? Es muß ganz genau stimmen?«

»Bob hat das gesagt.«

»Ich glaube, in der Kommode in der Garage ist Angelzeug.«

»Fährst du John und mich dann zu dem Laden, wo die Autos gewogen werden?«

Ich hörte auf, die Spülmaschine einzuräumen, und blickte in Aarons ernstes Gesicht. Er hielt mir das grob geschnitzte, noch nicht bemalte Auto entgegen. »Die Autos wiegen?« fragte ich. »Auf der Ladenwaage?«

»Ja.«

»So genau muß das sein? Und das für ein Pfadfinderrennen?«

»Bob hat das gesagt.«

Am Abend des Derbys nahmen die Jungen ihre Autos und kletterten in unseren alten Volvo-Kombi. John hatte seinen stundenlang geföhnt, damit die Farbe trocknete. Sein Auto, der »Ripper«, war schwarz mit einem weißen Streifen in der Mitte, und Aarons, den er »Speed Demon« getauft hatte, war grün mit gelben Punkten. Johns Wagen war aus Versehen auseinandergebrochen, aber Kleber und Farbe hatten das wieder in Ordnung gebracht. Die Jungen und die Autos sahen glücklich aus, wenn auch ein bißchen schlampig. Morgen würde ich mit John zum Friseur gehen. Waren wir da nicht erst letzte Woche gewesen?

»Hallo, Carol Lynn.« Diana, die Pfadfindermutter, empfing uns in der Halle. Ich moche Diana sehr, sie war eine äußerst fähige, großzügige, freundliche Frau. »Willkommen zum Derby!«

Ich blickte über ihre Schulter, und der Mund blieb mir offen stehen. In der Halle war ein riesiger Parcours mit vier Bahnen aufgebaut. Leuchtnummern strahlten über jeder Bahn. Eins. Zwei. Drei. Vier.

Diana lachte. »Ist das Ihr erstes Derby?«

»Ja.«

»Ganz schöner Aufwand, was?«

»Es sieht aus wie in Las Vegas.«

Diana lachte wieder und führte mich zu dem Parcours. »Das alte System war ziemlich primitiv. Zwei Männer mußten beurteilen, wann die Autos die Ziellinie überquerten, und das hat zu Streit geführt. Deshalb hat einer unserer Elektronikingenieure dieses System entwickelt. Sehen Sie? Wenn ein Auto hier dieses Licht passiert, löst es oben am Parcours einen Impuls aus, und wir wissen sofort, wer erster, zweiter, dritter und vierter ist.«

Aaron und John starrten auf die raffinierte Anlage und dann auf ihre armseligen kleinen Autos. »Wow!«

»Das Ganze ist ziemlich interessant. Und heute abend wird es wohl besonders interessant werden.«

»Oh?«

»Es gibt eine Redensart bei den Pfadfindern. Wenn die Jungen mit den Autos hereinkommen, wird es ein gutes Derby. Wenn die Väter mit den Autos hereinkommen, gibt's Ärger.« Sie seufzte und verdrehte die Augen. »Sehen Sie sich mal um!«

Ich blickte mich um. Ein paar Jungen hielten, wie meine Söhne, ihre Autos in der Hand. Aber es standen auch acht oder neun Männer, jeder mit einem kleinen Auto in der Hand, da, warfen neugierige Blicke auf die Kreationen der anderen und fummelten an ihnen herum.

Warum hatten John und Aaron nicht ihren Vater um Hilfe gebeten, als er letzten Samstag bei uns gewesen war? Er war wahrscheinlich mal Pfadfinder gewesen. Vielleicht hätte er ihnen ein paar Tips geben oder dafür sorgen können, daß die Autos ein bißchen professioneller aussahen. Aber sie waren Samstag im Kino gewesen, und kein Mensch hatte an die Autos gedacht. Ich blickte auf die Jungen mit ihren Vätern und verspürte Neid, wie schon so oft, seit Gerald und ich uns getrennt hatten. Vielleicht auch ein wenig Bitterkeit. Was mochte es für einen Jungen bedeuten, seinen Vater montags, mittwochs um sich zu haben? Was mochte es für einen Jungen bedeuten, sagen zu können: »Wenn Papa heute abend nach Hause kommt.«

»Hallo, Diana«, dröhnte eine Stimme rechts neben uns. »Wo werden die Autos gewogen?«

Ich drehte mich um und sah Bruder Hansen, der in seiner ausgestreckten Hand vorsichtig ein Auto hielt, bei dem uns die Luft wegblieb.

Es sah aus, als käme es geradewegs aus einer Ausstellungshalle, vollkommen bis ins kleinste Detail. Kein Mercedes hatte jemals einen großartigeren Silberglanz. Bruder Hansens rundes Gesicht strahlte genauso wie sein Auto. Hinter ihm stand sein kleiner Sohn Tony.

»Ganz gut, was?« dröhnte er wieder. »Hier sehen Sie das Siegerauto, meine Damen! ›The Atomic Blast‹! Ich habe Stunden in der Bibliothek zugebracht, um die aerodynamischste Form herauszufinden, und hier ist sie! Hallo, Paul!« Bruder Hansen ging auf einen anderen Mann zu, der ein Auto in der Hand hielt. Er hatte seinen zehnjährigen Sohn bei sich. »Ich hab' dir gesagt, dieses Jahr ziehe ich dir das Fell über die Ohren!« Beide Männer lachten.

»Hübsches Auto«, sagte Bruder Mitchell, ein großer Mann, der sich im Pfadfinderheim anscheinend wohler fühlte als in der Kirche.

»Das kannst du wohl annehmen! Das kannst du wohl annehmen!«

Bruder Mitchell griff nach dem Atomic Blast, aber Bruder Hansen zog seine Hand heftig zurück. »Nein!« schrie er, versuchte dann, es mit einem Lachen zu überspielen. »Meins! Nicht berühren! Die Räder sind so ausbalanciert, wie ich es wollte. Ein kleiner Stoß, und alles ist im Eimer. Das ist mir letztes Jahr passiert, dieses Jahr wird es mir nicht wieder passieren!«

»Na, wir werden dir ein Rennen bieten! Dieses kleine Auto ist auch fehlerlos!« Er hielt seinen glänzenden, roten Rennwagen hoch. »Das ist der ›Killer‹. Stimmt's, Ben?« Mit der freien Hand klopfte er seinem Sohn auf die Schulter.

»Da kannst du Gift drauf nehmen! Der Killer!«

Die beiden Männer gingen, gefolgt von ihren Söhnen, zum Wiegetisch.

Als wir Platz nahmen, um dem Ereignis zuzusehen, war ich außer mir. Das war kein Pfadfindertreffen, das war ein altes Stammesritual. Väter und Söhne waren hier versammelt, um gegeneinander zu kämpfen und zu gewinnen! Die Männer zogen, wie immer, in den Krieg, und die Frauen jubelten ihnen, wie immer, zu.

Das meiste geschah in guter Laune. Sogar die Verlierer jubelten den Gewinnern zu. Meistens, und zu Anfang. Aber als der Einsatz höher wurde, stieg die Spannung. Jedes Auto hatte mindestens vier Chancen, eine auf jeder Bahn. Jubel oder Buhrufe begleiteten jedes Auto, wenn es als erstes oder zweites ankam, als drittes oder viertes durchs Ziel ging oder (die schlimmste aller Demütigungen) auf der halben Strecke anhielt, einfach nicht mehr weiterfuhr. Als verschiedene Autos aus dem Rennen waren, nahmen die Jungen brav ihre kleinen Fahrzeuge und setzten sich, um das Rennen weiter zu beobachten. Aarons Auto wurde als fünftes aus dem Rennen genommen und Johns als siebtes. Die beiden nahmen es gelassen. Aber wie Diana vorhergesagt hatte, war es etwas anderes, wenn ein Auto von einem Vater aus dem Rennen geworfen wurde.

»Mit Bahn vier stimmt was nicht! Auf den anderen drei Bahnen ist mein Auto großartig gelaufen! Es liegt an der Bahn!«

»Wartet mal. Ich glaube, ich glaube, der Start war nicht richtig! Meins ist nicht zusammen mit den anderen gestartet. Habt ihr das nicht gesehen?«

»Los, komm schon, du schäbiges kleines Holzstück! Mach sie alle! Schmeiß sie aus der Bahn!«

Bruder Hansens Atomic Blast lief sehr gut, genau wie der Killer. Beide Autos waren noch im letzten Viertel im Rennen, und die beiden Männer stellten sich immer näher an die Bahn, mit geballten Fäusten und angespannten Gesichtern.

Was hatte Alan Ada über Männerwettkämpfe gesagt? »Die Gesellschaft leidet an Testosteron-Vergiftung.« Ja, das konnte ich förmlich spüren. Der Testosteronspiegel stieg immer höher. Wir sollten wohl mal die Fenster öffnen.

Die Glocke erklang, und vier Autos rasten die Bahnen entlang. Eins wurde langsamer, als wenn ein winziger Fahrer darin bremste. Der Atomic Blast blieb stehen.

»Nein!« schrie Bruder Hansen. »Nein!« Er schloß die Augen und raufte sich die Haare. Ein Stöhnen ging durch die Menge. Als Bruder Hansen die Augen wieder aufmachte, blinkte über Bahn vier eine helle »Eins« und verkündete den Triumph des Killers.

Bruder Mitchell sprang in die Luft und lachte. »Hey! Der Atomic Blast ist explodiert, was?«

Sofort drängte sich Bruder Hansen zum Start. »Irgend jemand hat mein Auto beschädigt«, schrie er. Die Venen an seinem Hals schwollen an, wie ich es schon einmal beobachtet hatte, als er ein paar Jugendliche erwischte, die auf dem Parkplatz die Luft aus seinen Autoreifen gelassen hatten. »Jemand hat es zu hart auf die Startlinie gesetzt und das Gleichgewicht zerstört. Ich verlange, daß das Rennen wiederholt wird!«

Ein paar Männer murrten. »Komm schon, Hansen«, rief Bruder Mitchell. »Du hast verloren. Trag's wie ein Mann.«

»Das Rennen muß wiederholt werden«, beharrte Bruder Hansen.

»Tut mir leid«, sagte einer der beiden Streckenrichter, entließ ihn mit einer Geste und bereitete das nächste Rennen vor.

Murrend und wütend drängte sich Bruder Hansen zu der Stelle zurück, wo der Atomic Blast stehengeblieben war, nahm ihn so peinlich berührt auf, als sei er ein Hündchen, das seinen Kot an der Haustür der Nachbarn hinterlassen hat, und stampfte auf den Ausgang zu. Sein Sohn packte ihn am Arm. »Nein, Papa. Geh nicht.«

Mit seiner freien Hand packte Bruder Hansen seinen Sohn am Rücken und zog ihn mit zur Tür.

»Ich will noch nicht gehen, Papa, ich will zugucken. Das macht doch Spaß! Ich will zugucken!«

Bruder Hansen blieb am Ausgang stehen und lehnte sich gegen die Tür, um aus der Ferne weiterzuzusehen. Mit finsterem Gesicht.

Ich ging zu Diana, die mit gefalteten Händen dastand. »Beten Sie?« fragte ich.

Sie lachte. »Sehen Sie, was ich gemeint habe? Ich bete tatsächlich während des Rennens. Ich bete, daß der Junge gewinnt, der es am meisten nötig hat zu gewinnen.«

»Nützt das etwas?«

»Oft. Letztes Jahr hat ein Kind gewonnen, daß sich immer für einen Verlierer gehalten hatte, und das hat ihm eine ganze Menge Selbstvertrauen gegeben.«

»Wer hat es heute nötig zu gewinnen?«

»Ich weiß nicht genau. Aber ich bete nicht für den Killer. Jedes andere Auto, aber nicht der Killer.«

»Nächstes Jahr werden wir unseren Jungen sagen, sie sollen ihre Autos ›Freundlichkeit‹, ›Gnade‹ oder ›Mildtätigkeit‹ nennen.«

Diana warf den Kopf zurück und lachte. »Das wollen wir machen!«

Ein vielstimmiges Geschrei lenkte unsere Aufmerksamkeit wieder auf den Parcours. Das Rennen war vorbei, und Diana stellte sich auf die Zehenspitzen, um zu sehen, wer gewonnen hatte. »Ach«, lächelte sie. »Bill hat gewonnen. Das freut mich.« Sie eilte davon, um die Preisverleihung vorzubereiten.

An der Tür blickte Bruder Hansen finster auf das Geschehen.

Als ich später an diesem Abend mit den Jungen an der Küchenbar saß und wir Grahamcracker in Milch tauchten, fragte ich John: »Was meinst du? Möchtest du nächstes Jahr wieder am Rennen teilnehmen?«

»Klar«, sagte er fröhlich. »Das hat richtig Spaß gemacht.«

»Und du, Aaron?«

»Klar. Nur . . .«

»Nur was?«

»Nur werde ich nächstes Jahr gewinnen. Man muß Graphit auf die Räder tun, daran liegt's. Nächstes Jahr tue ich Graphit auf die Räder.«

Aarons kleiner grüner Wagen mit den gelben Punkten stand auf der Theke neben seinen Grahamcrackers. Ich hatte dabei geholfen, Bänder zu beschriften, damit jeder Junge einen Preis mit nach Hause nehmen konnte. »Der Originellste«. »Der Bunteste«. »Der Geheimnisvollste«. John hatte die Auszeichnung »Der Interessanteste« bekommen und Aarons war »Der Lustigste«. Aber »Der Lustigste« wärmt einen nicht in der Nacht. Das tut nur »Der Sieger«.

»Hallo, Diana, ich möchte mit Ihnen reden«, sagte ich ins Telefon am nächsten Morgen. »Wollen Sie mit mir spazierengehen?«

»Klar. Wann?«

»Jetzt.«

Die »schwarze Straße« für Jogger, Geher und Spaziergänger (das bin ich alles gewesen, in dieser Reihenfolge) zieht sich endlos durch den Walnut Creek. Man kann dort wunderschön spazierengehen, aber wenn ich beim Gehen rede, sehe ich keine Blumen und keine Bäume.

»Hören Sie. Das Rennen gestern abend hat mich richtig umgehauen. Warum machen wir so etwas für die Jungen? Es ist verrückt, so ein Konkurrenzkampf, so . . . unbrüderlich. Wenn einer gewinnt, bedeutet das, daß alle anderen verlieren. Und es sind doch nur Kinder! Gibt's da keine bessere Möglichkeit?«

Diana seufzte. »Ich hab' auch schon darüber nachgedacht. Aber ich bin letztendlich zu dem Ergebnis gekommen, daß man sie auch mit dem wirklichen Leben konfrontieren muß. Und dem begegnen sie dabei. Aber wir sollten versuchen, es abzumildern, damit sie lernen, jeder gewinnt etwas und jeder verliert etwas — und wir müssen ihnen beibringen, daß sie beides gelassen annehmen.«

»Wie Bruder Hansen?« fügte ich hinzu. »Warum werden die Väter nicht da herausgehalten? Warum gibt es keine Bestimmung, die besagt, daß Väter noch nicht mal die Autos berühren dürfen?«

»Die Idee dabei ist, daß die Jungen die Erfahrung machen, mit einem Mann zusammenzuarbeiten, und dadurch den Umgang mit Werkzeug und so etwas lernen.«

»Diana, manche Jungen haben aber keinen Mann bei sich zu Hause. Was ist mit denen? Was ist mit John und Aaron und den anderen Jungen, die keinen Vater haben und deren Mutter einen Hammer nicht von einem Schraubenzieher unterscheiden kann, wie ich zum Beispiel?«

»Dafür haben wir Autokliniken.«

»Autokliniken?«

»Sie haben wahrscheinlich noch nichts davon gehört. Zu einigen der Väter kann jeder Junge, der möchte, sein Auto bringen und sich helfen lassen. Es macht keinen allzu großen Unterschied. Sie haben ja gesehen, wie Bruder Hansens Auto nach den neunzig Millionen Arbeitsstunden, die er hineingesteckt hatte, liegenblieb. Wenn man die Räder richtig anmontiert, ist der Rest reines Glück. Aber es ist schön für die Jungen, mit einem der anderen Väter zu arbeiten, das gibt ihnen ein bißchen mehr Selbstvertrauen. Tut mir leid, daß sie nichts davon wußten. Schicken Sie die Jungen nächstes Jahr zu Ted Sutton. Er ist großartig!«

»Aber ist das die ganze Sache wert?«

»Die Jungen würden sich heftig beschweren, wenn wir das Rennen abblasen würden. Aber ich gebe gern zu . . .« Sie lächelte und schüttelte den Kopf. »Ich gebe gern zu, als das letzte Baby schon wieder ein Junge war, habe ich als erstes zu mir selbst gesagt: ›O nein. Noch drei Pine-Wood-Derbies!‹«

Schon im Februar begann ich das Rennen zu fürchten. Es würde nicht mehr lange dauern, bis die Jungen mit diesen kleinen Holzstücken nach Hause kommen und übers Gewinnen reden würden, was sie wegen ihrer unfähigen Mutter nicht schaffen würden.

Der Tag kam bald nach der alljährlichen Olivenschweinerei auf der Terrasse.

Die Jungen kamen mit ihren Holzfiguren nach Hause und legten sie vor mich auf die Küchentheke.

»Dieses Mal«, sagte Aaron, »dieses Mal mache ich es richtig. Wo können wir Graphit herbekommen, Mama?«

Ich wußte nicht, wo man Graphit herbekam. Ich wußte nicht mal, was Graphit war. Ich würde Graphit nicht mal erkennen, wenn es vor mir stehen und mich beißen würde. »Ich weiß nicht genau, Aaron«, sagte ich, »aber das kriegen wir schon raus.«

Wen, hatte Diana gesagt, sollte ich anrufen? Wie hatte sie es genannt? Autoklinik. Ted Sutton. Ja. Er war ein netter, zugänglicher Mann mit warmherzigen Augen und lockigem, braunen Haar. Und ich hatte das Gefühl, sein Testosteronspiegel war genau richtig. Ihn konnte ich anrufen.

»Bruder Sutton?« sagte ich, als ich ihn an diesem Abend am Telefon hatte. »Hier ist Schwester Pearson.«

»Hallo. Wie geht es Ihnen?«

»Gut, danke. Hören Sie, ich bin eine der alleinerziehenden Mütter, von denen Sie vielleicht gelesen haben.«

»Ja?«

»Und ich habe zwei Söhne und zwei Holzautos und eine ganze Menge persönlicher Probleme, und man hat mir gesagt, Sie . . .«

»Aber sicher! Bringen Sie sie Samstagnachmittag von eins bis fünf vorbei.«

Als ich an diesem Samstag die Einfahrt zu Teds Garage entlangging, um die Jungen abzuholen, blieb ich einen Moment stehen und sah sechs oder sieben Kinder eifrig damit beschäftigt, zu sägen, zu malen und zu bohren.

»Hey, Mama, guck mal!« John hielt seinen Wagen hoch. »Alles fertig, ich muß ihn nur noch anmalen. Gut, was?«

»Toll!«

Aaron hielt seinen hoch und drehte an einem der Räder. »Ich habe die Räder abgeschliffen, bevor ich das Graphit draufgemacht habe. Das ist eins von den Geheimnissen, die Bruder Sutton uns verraten hat. Manchmal haben die Räder Rillen. Man muß sie abschleifen und dann erst das Graphit draufmachen!«

»Aha.«

Die Jungen sammelten ihre Sachen ein, und ich sah zu, wie

Ted Larry half, einem anderen Jungen, der keinen Vater hatte. Larrys dunkelbraune Haare fielen ihm über die Augen, als er vorsichtig die Räder an sein Auto montierte. Seine karierten Hemdsärmel waren hochgerollt, ein Nagel klemmte zwischen seinen Zähnen, und Teds große, sichere Hände führten die kleineren Hände des Jungen durch den Prozeß des Zusammenbauens. Auch dies war ein Ritual, hier wurde Stammesweisheit weitergegeben. In dieser offenen Garage gab es kein »Meins!« Weiter unten am Tisch saß Teds Sohn Bryce und wartete geduldig, daß sein Vater ihm seine Aufmerksamkeit zuwandte. So war es mir auch im vierten Schuljahr gegangen, als meine Mutter in Gusher meine Lehrerin gewesen war. Sie mußte sich erst mit allen anderen beschäftigen, bevor sie sich mit mir beschäftigen konnte, damit es nicht so aussah, als zöge sie mich vor.

»Na, Bryce«, sagte ich, »das ist ja lieb von dir, daß du deinen Vater mit den anderen teilst.«

Er lächelte und zuckte die Schultern. »Wir haben eine Menge Spaß gehabt.«

Sie hatten bestimmt Spaß gehabt, dachte ich bei mir, und es kam ihm wahrscheinlich gar nicht in den Sinn, daß seine eigenen Chancen zu gewinnen, sich mit jedem weiteren Kind, dem sein Vater half, verringerten. Jetzt kannten auch alle anderen Jungen das Geheimnis, daß man die Räder erst abschleifen mußte, bevor man das Graphit drauftat.

In diesem Jahr war das Pine-Wood-Derby nicht so interessant wie im Jahr zuvor. Wenn wir ein Band hätten beschriften müssen, um es zu beschreiben, hätte nicht »Der Aufregendste« daraufgestanden, sondern vielleicht »Das Schönste«.

Bruder Hansen und Bruder Mitchell hatten sich aus der Pfadfinderarbeit zurückgezogen. Und Diana hatte einen Preis für Sportlichkeit ins Leben gerufen, der genauso viel galt wie der Siegespreis. Die Väter hielten sich im Hintergrund, wo gute

Väter auch hingehören. Und die Jungen trugen fröhlich ihre kleinen Schätze aus Pinienholz, als wären es die Kronjuwelen. Eifrig setzten sie sie auf die Bahnen und sahen zu. Ungefähr zwanzig Jungen — blond, dunkelhaarig, dünn, mollig, mit T-Shirts, Sweatshirts, Pfadfinderhemden, lang aufgeschossen, klein — drängten sich um den Parcours, um ihre kleinen Autos mit psychischer Energie aufzutanken, ihnen zuzujubeln und vielleicht auch ein oder zwei Gebete für sie zu sprechen. Ich beobachtete die Jungen, die Zuschauer, und ich beobachtete Bruder Sutton. Er klatschte bei seinem Sohn, und er klatschte bei jedem anderen, mit bewundernswerter Gleichheit.

Außer am Ende. Ich glaube, da klatschte er für Larry Bennion, der schließlich erster wurde, noch lauter als für Aaron Pearson, der zweiter wurde, und auch noch lauter als für Bryce Sutton, der dritter wurde. Ich glaube, er pfiff und trampelte sogar, als Larry grinsend und aufgeregt da stand, seinen Kopf schüttelte und den Preis entgegennahm.

Am nächsten Tag schrieb ich einen Brief.

Lieber Bryce,
als ich gestern abend gesehen habe, wie Du den dritten Preis im Derby gemacht hast, kam mir in den Sinn, daß Du leicht Erster hättest werden können, wenn Dein Vater nicht den anderen Jungen, sondern nur Dir allein geholfen hätte. Ich schreibe Dir deshalb, damit Du weißt, daß jeder Junge, der einen solchen Vater hat wie Du, schon vor langer Zeit den ersten Preis gewonnen hat.

16.
Der Weltuntergang

Am Montag, dem 29. April 1980, sollte die Welt untergehen. Der erste, der mich darüber informierte, war der zehnjährige John, der außer Atem und mit aufgerissenen Augen in die Küche stürmte.

»Wer sagt das?« fragte ich, wobei ich weiter Karotten für die Hühnersuppe schälte.

»Alle Kinder in der Schule.«

»Woher wissen sie das?«

»Es stimmt wirklich, Mama«, sagte John leidenschaftlich. »Selbst meine Lehrerin hat was darüber im Radio gehört.«

»Vergiß es! Wer sollte sowas behaupten? Das Ende der Welt!«

»Da ist so ein Typ in Montana, der sagt, am 29. April fände ein nuklearer Angriff statt, der der Anfang vom Ende ist. Weißt du noch — Pearl Harbor? Das hat der Mann auch vorausgesagt! Auf den Tag genau! Ein ganzes Jahr vorher hat er gesagt, die Japaner würden Pearl Harbor bombardieren, und auch genau, wann das sein würde. Dann ist er verschwunden, aber jetzt ist er wieder da, und er sagt, am 29. April geht die Welt unter!«

John trat von einem Bein aufs andere, als ob er zur Toilette müßte, aber ich wußte, daß es für ihn ganz ernst war. Ich trat zu ihm und sah ihm in die Augen. Sie waren wie Seen, in die man unwillkommene Steine geworfen hatte, die das Wasser trübten. Glaubte John wirklich daran? Glaubte mein Sohn wirklich, daß er, daß wir alle, nur noch wenige Wochen zu leben hatten?

»John«, sagte ich, »ich glaube nicht daran. Das ist nichts Neues. Irgend jemand hat von Zeit zu Zeit immer mal das Ende der Welt vorausgesagt. Ich habe von einer Gruppe gehört, die ihren ganzen Besitz verkauft hat und in die Berge gegangen ist, um auf das Ende der Welt an einem bestimmten Tag zu warten. Und weißt du, was passiert ist?«

»Was?« Johns verstörter Blick hing an meinem Mund.

Ich nahm ihn in den Arm. »Nichts. Absolut gar nichts. Außer daß die Sonne aufging und wieder unterging, ganz genau wie heute. Schließlich merkten sie, daß sie reingelegt worden waren, kamen wieder von ihrem Berg herunter und fingen wieder an, ihren Beschäftigungen nachzugehen.«

John überlegte einen Moment, dann sagte er: »Aber irgendwann wird es mal passieren, Mama. Jetzt, wo es Atombomben gibt, muß es einfach irgendwann mal passieren. Der Mann hat recht gehabt mit Pearl Harbor. Und Khomeini ist verrückt. Er hat immer noch unsere Geiseln, und er hat sich wahrscheinlich ziemlich darüber aufgeregt, daß wir das mit der Luftbrücke versucht haben.«

»John, ich weiß nicht genau, was am 29. April los sein wird. Aber ich weiß ganz genau, was am 30. April passieren wird.«

»Was?«

»Da gehe ich abends mit euch essen. Irgendwohin, wohin ihr gerne möchtet. Und dann werden wir feiern, daß die Welt immer weiter bestehen bleibt.«

John schwieg. »Mama«, sagte er schließlich, »könnten wir nicht am 28. April gehen?«

An diesem Abend blieb ich an der Tür zum Badezimmer der Kinder stehen.

»Besuchszeit ist vorbei«, sagte ich wie immer. Und wie immer hörten die Kinder nicht darauf. Was eigentlich nur das siebenminütige Ritual des Zähneputzens und des Gesichtwaschens sein sollte, wurde oft zu einer Riesenparty. John lag auf dem Fußboden, Aaron und Katy standen an den Waschbecken und lachten durch die Zahnpasta, weil Emily mal wieder eine ihrer eindrucksvollen Lehrerimitationen zum Besten gab. »Kinder, Kinder«, tönte sie pompös, »wer kann mir sagen . . .? Mein Junge«, unterbrach sie sich und zeigte auf Aaron, »mein Junge, worüber lachst du?« Aaron spuckte vor lauter Lachen mit weißem Zahnpastaschaum.

»Danke, Aaron«, sagte Emily, nun wieder als Emily, wischte ihr Gesicht und ihren Arm mit einem Handtuch ab und schüttete dann ein Glas Wasser in Aarons Richtung.

Gekreische. Geschrei. Gekicher. Leben wie es sein sollte. Leben, so wie es für mich und meine Kinder war und wie es für Ihre Kinder sein wird, wie es bestimmt auch für Ihre Kinder sein wird.

Eine Zeitlang hatte John den Weltuntergang vergessen. Ein Zehnjähriger läßt sich leicht von den Reizen des Lebens ablenken. Aber ich wußte, die dunklen Gedanken waren noch da, die Ängste, und sie würden wieder auftauchen, vielleicht heute nacht in einem bösen Traum, vielleicht in einem traurigen Blick morgen.

Auch Emily hatte über den Weltuntergang nachgedacht, über das Tausendjährige Reich, über die tausend Jahre voller Frieden und Freude, in denen Himmel und Erde vielleicht endlich Freunde werden würden. Nicht das Tausendjährige Reich machte ihr Angst, sondern die schweren Zeiten, die wir zu bewältigen hatten, bis wir da angekommen waren. Einmal hatten wir beide während der Sonntagsschule im Auto auf dem Parkplatz gesessen, weil sie nicht in den Unterricht wollte. In der Woche davor hatten sie über das Tausendjährige Reich gesprochen.

»Ich möchte nicht, daß es kommt«, sagte Emily hitzig. »Ich möchte nicht, daß die aufrechten Menschen erhoben und die übrigen verdammt werden.«

»Emily«, sagte ich, »was auch immer kommt, ich glaube, Gott wird alles richtig machen. Ich habe keine besonders große Angst vor dem Jüngsten Gericht.«

»Aber in der Bibel steht, daß die Welt dann verbrannt wird. Schreckliche Dinge sollen dann passieren. Und das will ich nicht.«

Aaron sprach fast nie über seine Ängste. Dazu war er zu männlich, auch schon mit acht Jahren. Einmal jedoch war er mitten in der Nacht in meinem Schlafzimmer aufgetaucht. Er zog seine Schmusedecke hinter sich her und setzte sich ans Bettende.

»Was ist los, Aaron?« fragte ich.

»Ich hab' Angst«, antwortete er.

»Wovor?«

»Vor der Vergangenheit.«

Er erklärte mir nie, was genau an der Vergangenheit ihm Angst eingejagt hatte, aber ein Kind, das vor der Vergangenheit Angst hat, hat vielleicht auch Angst vor der Zukunft, also dachte ich mir, daß auch Aaron nicht vor der Angst vor dem Weltuntergang gefeit war.

Hatte auch Katy über solche Dinge nachgedacht? Sie war erst fünf. Als wir beide am nächsten Abend zusammen beteten, sagte ich zu ihr: »Weißt du, Katy, ich glaube nicht, daß Gott da oben im Himmel ist. Ich glaube, er ist hier bei uns.«

»Bei uns«, sagte Katy nachdenklich. »Und wenn Gott herunterfällt, geht die Welt unter!«

Geht die Welt unter! Selbst eine Fünfjährige hatte also solche Gedanken.

Würde das passieren? Fiel Gott herunter? Fielen wir herunter, so schlimm, daß wir alles mit uns rissen und nur noch Asche übrigblieb, die durch leere Orte wehte, wo Kinder hätten lachen, Wasserschlachten machen und Lehrer hätten nachahmen sollen?

Das konnte passieren. Ich konnte mich genau daran erinnern, wie der Augenblick unaussprechlichen Entsetzens in meinen Gedanken Realität wurde. Ich war damals ungefähr fünfzehn und hatte gerade den Film *Der Nürnberger Prozeß* gesehen. Plötzlich wurden auf der Leinwand Filmausschnitte von den Greueln des Zweiten Weltkriegs eingeblendet, Haufen von Leichen, echter Menschen, die Hitler niedergemetzelt hatte. Spencer Tracy war ein Schauspieler. Burt Lancaster war ein Schauspieler. Judy Garland war Schauspielerin. Aber diese Männer, Frauen und Kinder, deren ausgemergelte, verrenkte Körper zu Haufen aufgeschichtet waren, waren keine Schauspieler. Ich mußte die Augen schließen. Und von diesem Tag an war es mit meiner Sorglosigkeit vorbei.

Es konnte passieren. Das war unser Vermächtnis an unsere Kinder, eine Welt, in der es passieren konnte. Mir fiel ein, was John, als er ungefähr fünf Jahre alt war, zu mir gesagt hatte. Wir waren zu Besuch in dem reichlich unordentlichen Haus eines jungen Paares aus unserer Bekanntschaft. John sah sich um und fragte: »Haben Sie Kinder?« »Nein«, antwortete die Frau. »Wer hat denn dann die Unordnung gemacht?« fragte John.

Wir haben eine große Unordnung gemacht, und unsere Kinder müssen damit leben.

Am 29. April würde die Welt wahrscheinlich nicht untergehen, aber ich mußte mit den Kindern über ihre Ängste reden. Ich rief sie in mein Schlafzimmer und sagte: »Hört mal, wir müssen über dieses Weltuntergangsgerede sprechen. Die Welt geht nicht nur am 29. April unter, sie geht überhaupt nicht unter. Kennt ihr die Geschichte von Jonas?«

»Ja«, sagte Emily, »er wurde von einem Wal verschlungen.«

»Sie handelt noch von etwas anderem. Gott sagte Jonas, er solle den Einwohnern von Ninive verkünden, sie würden in vierzig Tagen zerstört werden, weil sie so gewalttätig und böse waren.«

»Du meinst, Gott wollte sie alle umbringen, nur weil sie böse waren?« fragte Aaron ungläubig.

»Nein. Gott wußte, sie würden sich selbst umbringen, weil sie so böse waren, also trug er Jonas auf, hinzugehen und es ihnen zu sagen. Und wißt ihr, was sie machten?«

»Was?«

»Sie glaubten ihm. Und sie bereuten. Sie hörten auf, gewalttätig und böse zu sein. Und sie wurden nicht zerstört. Ich finde es toll, weil es beweist, daß nichts passieren muß. Wir können das Schicksal der Welt ändern, wenn wir uns ändern und nicht mehr so gewalttätig sind. Vielleicht kommt das Jüngste Gericht eines Tages wie ein Sonnenaufgang.«

»Wir haben nur noch zwei Wochen«, sagte John.

»Ninive hatte nur vierzig Tage«, erwiderte ich.

»Aber was können wir schon dagegen tun«, fragte John verzweifelt. »Wir sind doch nur Kinder.«

Emily fiel auf die Knie. »Ich weiß es«, sagte sie. »Beten und meditieren. Immer wieder!«

Seitdem die Geiseln im Iran waren, hatten wir sie in unser Gebet eingeschlossen, und ich hatte die Kinder angeleitet, sich vorzustellen, wie die Geiseln zu ihren Familien zurückkehrten, wie Präsident Carter und Khomeini sich die Hand reichten, wie die Menschen auf der ganzen Welt sich die Hand reichten und miteinander tanzten.

»Sonst noch was?« fragte ich, als wir aufstanden.

»Emily kann aufhören, so gewalttätig zu sein und mich dauernd zu boxen und zu schubsen«, schlug Aaron vor.

»Na ja, ein bißchen Reue kann uns allen nicht schaden«, sagte ich. »Immer, wenn wir das Gefühl haben, wir müßten jemanden boxen oder treten, sollten wir daran denken, daß wir ein Teil der Lösung und nicht Teil des Problems sein müssen.«

»Als ob es die Welt retten würde, wenn ich nett zu Aaron bin«, murrte Emily.

»Es ist immerhin ein Anfang«, sagte ich.

Ich zählte zwar die Tage nicht, aber John tat es, und am Abend des 28. April war er ziemlich aufgeregt. Die Kinder auf dem Spielplatz hatten ständig weiter über die Prophezeiung geredet, und auch im Radio war die Rede davon gewesen. Die meisten hielten sie für einen Witz, aber manche nahmen sie auch ernst. Wie John.

»Das geht bestimmt vom Iran aus, Mama«, sagte er. »Khomeini bringt uns alle um, auch wenn er selbst dabei draufgeht.«

»Ich glaub' nicht an die Prophezeiung«, sagte Aaron, als wir die Treppe hinaufgingen. »Woher will so ein Typ in Montana was über das Ende der Welt wissen? Er wohnt ja noch nicht mal in New York oder so.«

Ich ging zu Bett und blickte aus meinem Fenster auf den Mond und die Sterne. Sterne waren ewig, sicherlich. Und der Mond auch. Und die Erde, auf der wir lebten, würde doch bestimmt, hoffentlich, auch immer weiter bestehen. Ich würde nicht ewig leben, das war mir klar. Aber ich würde in einen anderen Himmel, ein anderes Leben eingehen. Warum machte ich dann nicht einfach die Augen zu und schlief? Wenn die Welt wirklich untergehen würde, dann bestimmt nicht morgen.

Ich war auf mich selbst böse, weil ich überhaupt darüber nachdachte. Das war natürlich völlig dumm. Manchmal las ich die Jahresvoraussagen in der Neujahrsausgabe des *National Enquirer*, und sie trafen niemals ein. Na ja doch, manchmal schon. Und Jeanie Dixon hatte alles getan, um John F. Kennedy vor der Fahrt nach Dallas im November zu warnen. Khomeini hatte doch gar keine Atombombe, oder? Und wenn . . .? Was würde ich tun, wenn ich ganz genau wüßte, daß dies unser letzter Tag war?

Ich schlug die Decke zurück, stieg aus dem Bett und ging in den Flur. Die Kinder schliefen, jedes in seinem eigenen Zimmer. Katys Zimmer war das erste. Ich ging hinein. Juliet, ihre Katze, schlief zusammengerollt in ihrer Armbeuge. Das Gesicht einer Fünfjährigen ist schon bei Tageslicht so rein, aber im Mondschein ist es so süß, daß es einem das Herz brechen könnte. Und wenn . . .?

Ich kniete nieder und legte meine Hand auf Katys Kopf. Das würde ich tun, wenn ich wüßte, daß dies unser letzter gemeinsamer Tag wäre. Ich würde sie segnen.

»Lieber Vater und Mutter im Himmel«, sagte ich leise, »ich weiß, daß die Welt morgen nicht untergeht. Aber sollte sie doch untergehen, sollte sie jemals untergehen, danke für Katy und ihre Schönheit und dafür, daß wir zusammen sein durften. Schütze sie und halte sie für immer. Katy, ich liebe dich sehr, und ich wünsche dir Frieden, Trost und Stärke für alles, was dir im Leben begegnet . . .«

Als ich fertig war, ging ich in Johns Zimmer, kniete an seinem Bett nieder und tat das Gleiche. Dann in Emilys Zimmer und dann zu Aaron. Danach ging ich zu Bett und schlief.

Am 29. April, als John und ich im Restaurant am Tisch saßen und auf unsere Bestellung warteten, sagte John nachdenklich zu mir: »Mama, hab' ich dir eigentlich von den Killerbienen erzählt?«

»Den was?«

»Als ich fünf war und wir noch in Utah lebten, hat mir irgendein Kind erzählt, daß ein Schwarm von Killerbienen aus Mexiko käme; sie würden drei Jahre brauchen, bis sie hier wären, und dann wäre es für uns alle aus.«

»Und das hast du ihm geglaubt?«

»Natürlich. Ich dachte, acht Jahre ist so alt, wie ich nie werde. Ich habe das drei Jahre lang gedacht.«

»Wirklich, John? Warum hast du mir das nicht erzählt?«

»Ich wollte nicht, daß du dir Sorgen machst.«

»Na, John!« Ich lachte und hob mein Glas. »Auf heute! Und auf viele morgen! Mögen sie ewig dauern!«

John hob ebenfalls sein Glas und lächelte. »Oder zumindest so lange, bis ich so alt bin wie du!«

Ich bekam ein Paket mit Kopien von Bildern eines befreundeten Künstlers, Ingo Swann. Als ich auf einem den Titel »Das Jüngste Gericht« sah, rief ich: »Emily! Komm schnell, Em. Das Jüngste Gericht ist gekommen! Schnell!«

Einen Augenblick später steckte sie ihren Kopf durch meine Tür und fragte argwöhnisch: »Was hast du gesagt?«

»Guck hier.« Ich reichte ihr das Bild. Es bestand nur aus Meer und Himmel. Riesige Wellen bauten sich auf, um eine aufgehende Sonne zu umrahmen. Kometen zogen über den Himmel. Es war ein Bild der Geburt, nicht des Todes.

Ein Lächeln zog über Emilys Gesicht, und ihre Augen leuchteten. »Das ist wunderschön!« sagte sie. »So friedlich! Könnte das Jüngste Gericht wirklich so sein?«

»Warum nicht? Vielleicht entgehen wir dem Abgrund, wenn wir rechtzeitig aufwachen.«

»Darf ich das behalten, Mama?«

»Natürlich.«

Emily hat Ingos »Das Jüngste Gericht« neben den Bildern von James Dean und Marilyn Monroe an ihre Wand gehängt. Und ich habe meins über meinen Computer neben das große Poster meiner griechischen Lieblingsinsel gehängt.

Vielleicht haben die Menschen an Jonas' Tag wirklich Ninive gerettet. Vielleicht können wir die Welt retten. Vielleicht bekommen Emily, John, Aaron und Katy Kinder, die wieder Kinder bekommen.